백정

나는
이렇게
본다

더 나은
세상을 꿈꾸는
보리
한국사 3

백정
나는 이렇게 본다

| 김용심 글 |

 보리

비판과 창조 정신을 배우자

역사는 누가 바로 알아야 할까? 누가 읽어야 할까?

못사는 사람이 알아야 한다. 못살게 된 젊은이들이 읽어야 한다. 나쁜 세상에서 버림받는 이들이 알아야 하고, 또 읽어야 한다. 그래야 더는 버림받지 않고, 더는 못살지 않는다.

이 나쁜 세상에서 잘 먹고 잘사는 사람들은 역사를 바로 알려고 하지 않는다. 그 사람들에게 힘센 자들이 만들어 온 삐뚤어진 역사는 거저 물려받은 선물일 뿐이다. 자기네들 편할 때 끌어다 써먹는 고마운 치부책일 뿐이다.

그렇다면 우리가 사는 이 세상, 나쁜 세상일까?

그렇다.

지금 당장 못사는 99퍼센트에게도 살기 나쁜 세상이다. 저 높은 곳에서 사는 1퍼센트가 혼자 잘살아 보겠다고 땅 죽이고, 물 더럽히고, 숨 쉴 공기 흐려 놓지 않았던가. 하지만 그렇게 세상이 쓰레기 더미가 되는 바람에 물려받을 것이라고는 오로지 죽음의 세계,

사는 게 끔찍한 악몽일 수밖에 없는 '젊은 세대'에게는 더더욱 나쁜 세상이다. 그런 세상은 바꿔야 한다.

하지만 좋은 세상은 두 손 모아 빈다고 저절로 오지 않는다. 내 탓이 아니라고 책임을 미루거나, 나만 잘살면 된다며 둘레 사람 살피지 않고 혼자만 쌩쌩 앞서 간다고 오지 않는다. 좋은 세상은 모두가 함께 힘을 모아야 비로소 만들 수 있다.

그렇다면 어떤 세상이 좋은 세상일까?

어려운 말 들먹일 것 없다. 있을 게 있고, 없을 게 없으면 된다.

"아무도 버림받지 않고, 아무것도 버릴 게 없는" 세상.

"있을 것만 있고, 없을 것은 없는" 살림터.

그것이 진짜 좋은 세상이다.

나쁜 세상은 없어야 할 것투성이다. 깡그리 없애야 한다. 그러려면 현실을 바로 볼 수 있어야 한다. 나쁜 것이 어디서 시작되어 어떻게 가고 있는지 알아야 한다. 그리고 다시는 그 나쁜 일이 되풀이되지 않게 똑바로 잘못을 짚어 내고 반성해야 한다.

그것이 역사에서 얻어야 할 바른 '비판' 정신이다.

나쁜 세상은 또한 있을 것이 없는 세상이다. 그러므로 새로 빚어야 한다. 어디에, 무엇이, 왜, 없는지 둘러보아야 한다. 그리고 가장 필요한 것, 가장 소중한 것, 모든 사람들이 함께 누리며 가장 행복할 수 있는 것들을 새로 빚어 채워 넣어야 한다.

그것이 역사에서 찾아내야 할 바른 '창조' 정신이다.

그러므로 역사를 배워야 한다. 역사에서 올바른 가르침을 끌어내야 한다. 그래서 현재의 잘못을 깨닫고, 그 깨달음으로 미래를 바꿔야 하는 것이다. 과거의 역사를 배워, 현재의 잘못을 깨닫고, 미래를 좀 더 바르게 바꾸는 것. 그것은 이 땅에 사는 모든 젊은이들의 몫이다.

젊은이들은 비판과 창조 정신으로 무장하여, '없을 것'을 없애 버리고, 그 빈터에 '있을 것'을 일구고 가꾸어 채워 나가야 한다. 그렇게 파괴와 건설의 일꾼으로 거듭나야 한다.

보리가 역사를 되살피고, 그 성과를 젊은이들을 위해 새롭게 엮어 내야 하는 까닭을, "나는 이렇게 본다."

윤구병 (농부 · 철학자)

일러두기

1 이 책은 '더 나은 세상을 꿈꾸는' 보리 한국사 셋째 권이다.
2 《조선왕조실록》, 《고려사》 같은 역사서 번역은 국사편찬위원회의 번역을 기초로 삼아 책 내용에 맞게 손질하여 넣었다.
3 책을 쓰는 데 도움을 받은 논문과 단행본, 신문과 웹 사이트, 그 밖에 본문에서 일일이 출처를 밝히지 못한 자료들은 참고 문헌으로 정리해 두었다.

차례

백성이 되라 하였더니 백정이 되었더라

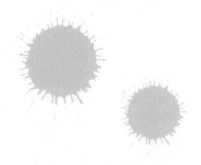

소 잡은 죄는 유배요, 백정인 죄는 사형이라

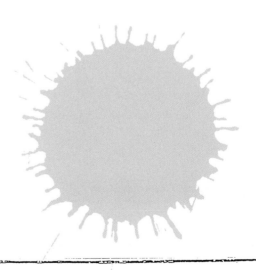

고기를 잃을지언정 사대부를 잃을 수는 없다

가장 천해서 가장 무서운 자

들어가는 글

백정! 백정! 불합리의 대명사. 부자연의 대명사. 모욕의 별명. 학대의 별명. 낮고 가난하고 힘없고 약하고 천하여 무릎 꿇는 자. 누구였던가? 아아! 그것은 우리 백정이 아니었던가! 직업의 구별이 있다 하나 금수의 생명을 빼앗는 자. 우리만이 아닐 것이다.

백정.

그 말에는 왠지 피 냄새가 납니다. 굳이 "소나 개, 돼지 따위를 잡는 일을 하는 사람"이라는 뜻풀이를 끌어오지 않더라도 오랜 세월 쌓이고 굳어진 인상이 그렇습니다. 수백 년 동안 백정은 가장 낮고 천한 집단으로 온갖 모욕과 천대를 받아 왔습니다.

심지어 노비조차 백정보다는 나았습니다. 사람이 아니라 재산으로 취급받는 노비들조차 속량을 하면 양인이 될 수 있었고, 저자에 나가면 사람들 사이에 자연스럽게 섞일 수 있었습니다. 평범한 사람들이 흔히 그러하듯 이것저것 구경하고, 싸다 비싸다 흥정도 하면서 울고 웃을 수 있습니다.

하지만 거친 패랭이를 끈이 아니라 굵은 '새끼줄'로 묶은 백정 사내라면, 비녀조차 없이 둘둘 말아 올린 '얹은머리'에 낙인 같은 먹색 끝동 저고리를 입은 백정 아낙이라면, 그들이 나타나는 순간 저자의 공기는 달라집니다. 마치 피라도 뚝뚝 흐르는 듯, 역한 비린내가 코라도 찌르는 듯 사람들은 움찔거리며 물러나 간격을 두려 합니다. 설령 그 뒤에 티 없이 맑은 얼굴로 백정 아이들이 올망졸망 따라온다 하더라도 그 서늘한 눈빛을 피해 갈 수는 없습니다. 아이의 더없는 순수함으로도 저 무의식에 만들어진 한 뼘 '간격'은 결코 좁혀지지 않을 것입니다.

대체 무엇이 그렇게 만들었을까요?

먼 훗날, 수백 년을 견디고 또 견디다가 비로소 '평등'이라는 개념을 뼈에 새기기 시작한 백정들은 인권해방을 외치는 선언문에서 이렇게 울부짖습니다.

백정!

백정!

불합리의 대명사, 부자연의 대명사, 모욕의 별명, 학대의 별명인 백정이라는 명칭 하에서 (우리 백정들은) 인권의 유린, 경제의 착취, 지식의 낙오, 도덕의 결함을 당하여 왔다.

그리고 피를 토하듯 묻습니다.

공평은 사회의 근본이고 애정은 인류의 본량(本良, 본디 어질게 태어나는 것)이다. ……지금까지 조선의 백정은 어떤 지위와 어떤 압박에 처하였던가? 과거를 회상하면 종일토록 통곡하여도 피눈물

그칠 길 없다……. 낮고 가난하고 힘없고 약하고 천하여 무릎 꿇는 자, 누구였던가? 아아! 그것은 우리 백정이 아니었던가!

낮고 가난하고 힘없고 약하여 모두에게 무릎 꿇는 자, 세상에서 가장 낮은 자, 그것이 바로 백정입니다. 하지만 그 끔찍한 고통과 굴레는 결코 백정들 탓이 아닙니다. 그릇된 역사가, 비틀린 편견이, 약육강식의 사회가 그렇게 만든 것이지요. 백정들은 오히려 피해자입니다. 그래서 거듭 이렇게 외칩니다.

이 같은 비극에 대하여 사회의 태도는 어떠했던가? 소위 지식 계급에서 압박과 멸시만 하였도다. 이 사회에서 우리 백정의 연혁을 아는가, 모르는가? 결코 천대를 받을 우리가 아니다. 직업의 구별이 있다 하나 금수의 생명을 빼앗는 자, 우리만이 아닐 것이다.

이때 백정들이 스스로 내리는 정의가 흥미롭습니다.
"금수의, 생명을, 빼앗는, 자."
결국 저 한 구절이 백정을 가장 흔하게 정의하는 말일 것입니다. 그리고 바로 거기에 "불합리의 대명사, 부자연의 대명사, 모욕의 별명, 학대의 별명"이 되어 온 백정을 풀 수 있는 네 가지 열쇠가 있지요.
하나, 금수.
둘, 생명.
셋, 빼앗다.

넷, 자者. 곧 사람.

첫째, 금수는 결국 백정의 역사가 '고기'의 문제라는 것을 알려 줍니다. 고기, 또는 권력이라고 해야 할까요.

짐승을 죽여 고기를 만들어 바치는 자와 편안히 앉아 그 고기를 받아먹고 누리는 자. 피를 묻히고 고생하는 이는 따로 있는데, 손 하나 까딱 안 하고 누리기만 하는 이는 고마워하기는커녕 금수를 다루는 짓이 천하다 멸시하지요.

가진 자가 더욱 가지고 억누르려 하는 것. 없는 자가 더욱 빼앗기고 억눌리는 것. 그것이 권력의 오래된 속성이고 백정의 역사 또한 그 테두리에서 한 치도 벗어나지 않습니다.

둘째, 생명은 '가치'의 문제를 묻게 합니다.

살생을 그토록 비난하면서 정작 그 살생으로 얻은 소고기는 유교 사회에서, 특히나 제례 때에는 절대 빼놓을 수 없는 귀중한 음식이었습니다. 살생을 부정한 짓이라 손가락질한다면 살생으로 얻은 음식도 부정하다 해야 하건만 전혀 그러지 않았지요. 백정을 바라보는 가치관에는 이렇듯 묘한 이중 잣대가 있습니다.

그 때문에 백정은 오래도록 양인역천良人役賤, "신분은 양인이지만 하는 일은 천한 사람"으로 내몰렸습니다. 신분으로는 분명 양인이었던 백정이 조선 후기에 와서는 더 내려갈 곳 없는 천민 중의 천민, 가장 밑바닥 천민이 되는 것도 그 때문이지요. 잘못된 가치관이나 편견이 사람을 얼마나 처참하게 만드는지 백정의 고통스러운 역사가 뚜렷이 보여 줍니다.

셋째, 빼앗는다는 것은 결국 '착취'와 '차별'의 문제지요.

빼앗는 것이 있으면 빼앗기는 것이 있기 마련. 금수의 생명을 빼앗는 기술 때문에 백정은 끊임없이 빼앗기는 삶을 살아야 했습니다. 기술은 재주고 힘입니다. 하지만 재주로 인정받지 못한 기술, 그저 이용과 멸시만 당하는 기술은 차라리 독에 가깝습니다.

대대로 백정은 빼어난 재주를 지닌 사람들이었습니다. 잘 알려진 도축 기술뿐만 아니라 사냥, 고리 짜기, 능란한 가무와 아름다운 연주 솜씨까지 아주 다양한 재주를 지녔지요. 오죽하면 백정을 두고 '재인(才人, 재주가 있는 사람)'이라 불렀겠습니까.

하지만 권력이 탐내고 이용하고 싶어 하는 재주는 재주가 아니라 저주가 되었지요. 바로 그 재주를 빼앗고자 권력은 더욱 가혹하게 백정들을 짓밟고 억눌렀으니까요. 결국 재주가 저주가 되는 순간 처참한 차별과 착취가 뒤따릅니다.

그래서 마침내 마지막 열쇠인 빼앗는 '자', 사람에 이릅니다.

이 모든 것이 어찌 사람의 문제, 인권의 문제가 아니겠습니까. 앞서 세 가지 열쇠들, 잘못된 권력과 가치관, 온갖 차별과 착취는 결국 백정을 인간조차 못 되는 비인간非人間, '짐승 잡는 도구'로 떨어뜨립니다. 심지어 살인을 일삼는 패륜아를 두고 '인간 백정'이라 부르며 가슴 찢는 모멸을 주기도 합니다.

그래서 백정을 이야기하자면 어쩔 수 없이 이 모든 부당함에 맞서 싸워 온 사람들 이야기를 할 수밖에 없습니다. 그릇된 가치관과 권력, 부당한 차별과 억압에 온몸을 부딪치며 끝끝내 살아남았던 강인한 사람들의 이야기를 말입니다.

　그리고 이쯤에서 궁금해질 것입니다. 이토록 첨예한 문제들을 가득 안고 불평등과 부조리의 대명사가 된 백정이, 어째서 단 한 번도 집단으로 일어서지 않았을까 하고요. 당장 노비들만 해도 "왕후장상의 피가 따로 있더냐!" 외쳤던 만적의 난부터 망이, 망소이의 난을 거쳐 조선 시대에 이르면 온갖 천민들의 난이 일어납니다. 그런데 어째서 백정들의 저항은 들어 본 기억이 없을까요? 그 오랜 세월 동안 백정들은 과연 단 한 번도 저항하지 않았을까요?

　얼핏 그런 것도 같습니다. 기록을 아무리 뒤져 보아도 마땅히 백정들의 '집단' 저항이라고 할 만한 일은 보이지 않으니까요. 백정 개개인이 저지른 범죄나 처벌들은 계속 기록되고, 부당하다 탄원하는 목소리가 아예 없는 것은 아니지만, 적어도 이 모든 압력에 대항해 백정들이 분연히 '함께' 일어나 무언가를 했다는 기록은 거의 찾아볼 수가 없습니다. 그래서 연구자들조차 종종 백정을 말할 때 그 실상을 알리는 데 그치거나, 그 삶을 안타까워하는 데에서 멈추고 맙니다.

　하지만 그렇다고, 백정들이 그 오랜 역사 동안 정말로 아무것도 하지 않았을까요? 미처 기록되지 못한, 또는 권력자들이 일부러 누락하고 소홀히 한 기록들 뒤에 차마 다 말하지 못한 처절한 이야기들이 정말로 없었을까요?

　역사는 기록되거나, 기록되지 않더라도 기억됩니다. 흔히 '기록'만이 역사라고 생각하지만 기록되지 않고 입에서 입으로 기억되며

'구전'된 흔적도 역사입니다. 가슴에서 가슴으로 스며드는 '정서'도 또한 역사입니다. 오히려 진짜 소중한 이야기는 글자를 독점한 계층들이 남긴 허울뿐인 기록문이 아니라 입에서 입으로 구구절절 전해진 노래와 설화, 거기에 담긴 정서와 기억들에 더 많이 남아 있는 것이 아닐까요?

그래서 이제부터 구전의 역사, 정서의 역사, 사람 사는 고을고을 갈피마다 몸으로 새겨져 내려온 백정들 이야기를 해 볼까 합니다. 비록 이 책 또한 《조선왕조실록》을 비롯해 온갖 정사正史와 사료들을 비껴갈 수 없겠지만, 그렇더라도 그 사이사이 용케도 살아남은 옛이야기들과 노래, 그 가락과 정서들에 더 열심히 귀를 기울이려 합니다. 그래야 비로소 백정의 이야기를 제대로 말했다 할 수 있을 테니까요.

그 방법의 하나로 시대별로 의미가 있는 백정을 뽑아 대표로 함께 이야기해 볼까 합니다. 때로 그들은 여자이기도 하고 남자이기도 하며, 노인이나 청년, 기생이거나 도둑, 포졸이기도 한데 어쨌든 이를 통해 온갖 다채로운 백정들 이야기를 들어 볼 수 있을 것입니다.

그 끝에서 무엇을 만나든지 끝내 변하지 않는 것이 하나 있습니다. 결국 이 모든 것은 '사람'의 문제라는 것입니다.

"백정도 사람이다."

그 한마디를 위해 얼마나 많은 사람들이, 얼마나 오랫동안, 얼마나 많은 피와 눈물을 흘려야 했을까요. 심지어 기록조차 되지 않는 아득한 역사의 뒤편에서 말입니다. 하지만 그 한마디를 인정하는 순간, 세상에서 가장 낮고 차별받는 이들 또한 똑같이 귀한 사람임을 오롯이 인정하는 순간, 세상에서 가장 중요한 가치도 따라서 인정할 수밖에 없게 됩니다.

"백정도 사람이다. 그러므로…… 모든 사람은 평등하다."

평등에서 '평平'은 물 위에 떠 있는 물풀을 본떠 만든 글자라지요. 그릇에 물을 떠 기울이면 아무리 가파르게 기울여도 수면은 금세 평평하고 가지런해집니다. 그 위에 떠 있는 물풀 또한 언제나 고르고 가지런할 수밖에 없지요. 그것이 가장 자연스러운 순리이기 때문입니다.

사람 사는 세상도 마찬가지. 아무리 삐뚤게 기울여도 언제나 가지런한 물풀처럼 누구나 다 똑같이, 높고 낮음도 없고 귀하고 천함도 없이 다 똑같이, 고르고 나란한 관계. 그것이 바로 평등이고, 평등한 세상이야말로 진짜 살 만한 세상인 것이지요. 백정 이야기는 그런 세상을 바라보고 꿈꾸게 합니다.

아직 이루지 못했지만 끝끝내 이뤄야 할 온전한 평등세상, 그 아름다운 세상으로 우리 모두를 나아가게 할 가장 낮은 자들의 이야기로 함께 들어가 볼까요? ◎

백정의 뿌리, 짐승과 꽃

이족. 우리가 아닌 '다른' 족속. 바로 거기에서 백정이라는 모질고도 고된 운명은 이미 시작된 것이 아닐까. 그랬기에 백정의 역사를 알아 가는 일은 더욱 중요할 수밖에 없다. 모든 차별의 시작과 그 과정을 알아야 비로소 똑바로 잘못과 맞설 수 있기 때문이다.

백정이 처음부터 백정은 아니었다.

처음에는 백정도 자유롭게 살았다. 본성에 따라 먹고 마시고 사냥하며, 어떤 굴레에도 묶이지 않은 채 자유롭게 살았다. 하지만 세상이 점점 복잡해지고 신분의 높낮이가 견고해지면서 백정 본연의 자유로움은 끝내 내쳐지고 말았다.

언제부터인가 소 잡고 떠돌며 노래하는 그들을 백정이라 부르기 시작했고 그 이름에 조금씩 차별과 홀대가 섞이기 시작했다. 그렇게 조금씩 낮아지고 또 낮아지다가 어느새 백정은 천한 이름의 대명사가 되었던 것이다.

그렇다면 대체 그들은 언제부터 백정이라 불렸을까?

고려 시대에도 백정은 있었다. 그러나 이때의 백정은 지금처럼 소 잡는 천민을 뜻하지는 않았다. 그보다는 흔히 볼 수 있는 평범한 일반 양민을 가리키는 말이었다.

백정에서 정丁은 정호, 곧 부역을 지는 양인을 뜻하고 백白은 깨끗하다, 없다는 뜻을 나타낸다. 따라서 백정이라 하면 "군역이 없는 양인"을 이르는 말이었다.

대개 적장자가 아니라서 땅을 물려받지 못한 이들이나 군역이 없어 나라에서 농토를 받지 못한 이들이 백정에 들었다. 부역을 지지 않으니 땅도 나눠 받지 못한 것이다. 하지만 전쟁 같은 큰일이 생기면 자연스레 군대에 불려 나갔고 공을 세우면 땅도 받았다. 따라서 양민은 맞는데 다른 농민에 견주어 살짝 처지는, 그래도 사뭇 흔하고 평범했던 고려 백성이 바로 고려의 '백정'이었던 것이다.

그러므로 고려 백정과 조선 백정은 서로 완전히 달랐다.

고려 백정은 평민이었으나 조선 백정은 천민이었다. 조선 백정은 그저 고려 백정의 이름을 빌렸을 뿐이다. 하지만 이름을 빌렸다고 해서 평민이었던 권리까지 함께 따라오는 것은 아니었다. 오히려 빌린 이름조차 점점 더 무거운 족쇄가 되어 갔다. 한번 찍힌 낙인은 지워지기는커녕 갈수록 진해져만 갔다.

백정이 상종 못 할 도살자 천민으로 떨어지는 것은 조선 시대에 와서이고, 더 나아가 그 차별이 눈 뜨고 보기 힘들 만큼 참혹해지는 것은 조선 후기에 이르러서이다. 백정은 차근차근 단계를 밟아 점점 더 바닥으로 떨어졌으며 그럴수록 처우는 점점 더 가혹해졌다. 어째서 이토록 꾸준히 낮아질 수 있었을까?

그 과정에는 필연으로 앞서 말한 권력과 가치, 생명과 인권의 문제가 고스란히 얽히고설켜 나타난다.

화척, 고리 짜고 짐승 잡는 떠돌이

백정을 백정이라 부르지 않았다면, 그전에는 어떤 이름으로 불렸을까? 이는 후대의 기록《조선왕조실록》에 잘 나와 있다.

"대개 백정을 혹은 '화척禾尺'이라 하고 혹은 '재인才人', 혹은 '달단韃靼'이라 칭하여 그 종류가 하나가 아니니, 국가에서 그들을 제민齊民하는 데 고르지 못하여 민망합니다."

《조선왕조실록》 세조 2년 3월 28일

기록에 적힌 대로 화척과 재인, 달단이 그들의 이름이었다.

이들은 조선 시대에 백정이라는 한 낱말로 통일되지만, 당시에는 이름에 따라 조금씩 차이가 있었다. 화척과 재인이 비슷한 뜻으로 쓰였고 달단은 또 유래가 조금 달랐다. 실록의 표현대로 그 종류가 "하나가 아니"었으니, 같은 듯 다른 이들이 바로 이들이었다.

가장 폭넓게 쓰였던 화척부터 살펴보자.

화척은 수척, 양수척이라고도 하는데 표기만 다를 뿐 같은 뜻이라 보면 된다. 화척의 화禾는 수水의 뜻을 빌려 쓴 글자로 결국 같은 말이기 때문이다. 수척을 우리말로 풀어 '무(물)자리'라고도 불렀다. 또《고려사》우왕 8년(1382) 조에 "화척이 곧 양수척이다" 하고 나오니 화척이 양수척으로도 불렸음을 알 수 있다. 화척이 곧 양수척이요, 수척이며 또한 무자리였던 것이다.

"양수척은 고려 초기에 있었는데 강화 천도 때에도 있었습니다. 재인과 백정(화척)은 충렬왕 때도 있었고 공민왕 때에도 있었습니다. 그래서 멀리는 오륙백 년 전에 있었고, 가까워도 수백 년 아래로는 떨어지지 않사옵니다. 지금껏 악기를 연주하며 노래하는 풍습과 짐승을 잡아 죽이는 일을 고치지 않고 있습니다."

《조선왕조실록》 예종 1년 6월 29일

저 상소문이 예종 1년, 곧 1469년 기록이니 그때부터 오륙백 년을 거슬러 올라가면 869년에서 969년 사이가 된다. 이는 후삼국이 멸망하고 고려가 세워지는 시기와 맞물린다. 따라서 고려 초기, 또는 후삼국 시대부터 이미 양수척이 있어 왔다고 볼 수 있다.

이렇게 '있어 왔던' 시기를 적었다는 것은 그전에는 없었다는 뜻이다. 곧 그전에는 이 땅에 살지 않았지만 고려가 세워질 즈음해서 새로 들어왔다는 것이다. 말하자면 이들은 본디 이 땅에 살던 토박이가 아니라 이주해 들어온 뜨내기요, 이방인이었다.

또한 이들의 풍습으로 "짐승을 잡아 죽이는 일"과 "악기를 연주하며 노래하는 풍습"을 들고 있는 것에서 또 다른 정보도 얻을 수 있다. 이들은 이방인 중에서도 특히 '유목 민족'이었던 것이다.

고려 사람들은 짐승 도살에 서툴기도 하려니와 우마는 농사에 중요한 가축이라 거의 죽이지 않았다. 그런 고려인들을 대신해 짐승을 도살해 준 이들이 바로 국경을 건너온 거란족이나 여진족 같은 유목 민족들이었다. 말을 타고 초원을 달리며 고기를 즐겨 먹는 이들은 짐승 도살에 거침이 없었다. 또한 목초지를 따라 떠도는 삶의 고단함을 떠들썩한 연주와 노래로 풀었으니, 그것이 대대로 유목민들의 풍습이 되었던 것이다.

그렇게 고려 초기에 이주해 들어와 살던 유목민의 후예들은 실록에 나타난 대로 강화 천도 때까지는 양수척으로 불리다가, 고려 말 원나라 간섭기인 충렬왕과 공민왕 때에는 재인과 화척으로 나뉘어 표기되기 시작한다. 양수척이 세월이 흐르면서 화척과 재인으로 나뉜 것이다.

이때 양수척이라는 이름에서 보듯 특별한 재주가 하나 있다.

> 우리 나라에는 특별한 종류의 사람이 있으니, 사냥과 유기 만드는 것을 업으로 삼아 일반 백성들과 다르다. 이들을 백정이라 하는데 곧 전조(前朝, 고려)의 양수척이다. 《조선왕조실록》 중종 5년 8월 4일

여기서 양수척이 백정의 옛 이름이었다는 것과 특별한 종류, 곧 '별종'이라 불리듯 보통 사람들과 다른 이민족임을 다시 확인할 수 있다. 또 사냥과 유기 제작을 업으로 삼았다는 것도 확인된다.

이때 유기는 흔히 알고 있는 놋그릇이 아니라 버들 유柳를 쓰는 유기柳器로 버들가지로 만든 가벼운 그릇이나 상자를 뜻한다. 흔히 '고리'라 부르는데 껍질을 벗긴 버들가지나 싸리채, 대오리 같은 것을 엮어 만든다. 그래서 양수척의 첫 글자로 버드나무 양楊을 쓴 것이다. 가운데 글자가 물 수水인 것도 이들이 버드나무가 자라는 물

가를 따라 이동해 다녔기 때문이다. 거기에 마지막 글자로 천민, 또는 쟁이(기술자)를 뜻하는 척尺이 붙어서 '양수척'이라는 말이 나온 것이다.

실제로 버들고리를 짜는 것은 재주 있고 끈질긴 '쟁이'만이 할 수 있는 일이었다. 먼저 초여름 일찍부터 새로 난 연한 가지를 부지런히 꺾는 일부터 시작해야 한다. 꺾은 가지는 뜨거운 가마솥에 쪄서 일일이 껍질을 다 벗겨 내어 곱고 부드럽게 다듬는다. 곱게 다듬은 이 속대도 '고리'라 불렀다.

일은 이제부터 시작으로, 잘 다듬은 고리를 엮어서 모양을 만들고 테두리는 물먹은 얇은 나무판을 둘러 흐트러지지 않게 한다. 이음 부분은 껍질 벗긴 소나무 뿌리로 꿰매고 둘레도 잘 묶어 고정시킨 뒤 차근차근 매만지며 하나씩 완성해 나가야 했다. 오로지 손끝 감각과 기술로 해야만 하는 고된 노동이었다. 이렇게 만들어진 고리는 당시 사람들에게 중요한 물품이었다.

비싼 도기나 놋그릇이 없던 백성들은 버들고리를 그릇처럼 썼다. 작은 고리에는 가위나 실, 바늘 같은 것을 담아 반짇고리로 쓰고, 곡식을 담아 마른 그릇으로 쓰거나, 새참을 내갈 때도 큰 고리에 작은 그릇들을 담아 이고 갔다. 또한 커다란 궤나 비싼 장롱 대신에 가볍고 튼튼한 고리를 옷궤나 옷장으로 썼다. 물건을 담는 궤짝을 이르는 '고리짝'이라는 말도 여기에서 나왔다. 서민에게 꼭 필요한 싸고도 튼튼한 살림이 바로 고리였던 것이다.

귀족들에게 고리는 쓸모보다는 사치스러운 호사품의 하나였다.

그래서 장식에 치우쳐 만들 때 훨씬 더 손이 갔다. 오래 쓸 수 있도록 바깥 면에 닥종이를 발라 기름을 먹이는 것은 기본이고, 상자 테두리를 가죽으로 감싸거나 황칠을 하기도 하고 반짝거리는 금속 장식을 달기도 했다. 뚜껑에다 화려한 그림을 붙여 넣거나 비단으로 꾸미기도 했는데, 과정이 하나씩 더해질 때마다 양수척들의 손끝도 하나씩 닳아 갔다. 이렇듯 힘든 과정을 거친 버들고리는 정갈하고 아름다운 세공품으로 두고두고 귀족들의 호사품이 되었다. 버들고리로 만든 아름다운 채상(彩箱, 채색 상자) 하나가 웬만한 백성들 일 년 치 생활비를 훌쩍 넘어가기도 했다.

그러나 이 수고로움의 대가가 양수척에게 돌아간 것은 결코 아니었다. 오히려 고생하며 만든 아름답고 비싼 유기들은 공물로 거의 다 빼앗겼다. 세금도, 부역도 없는 유랑민이라 천대하면서도 그 재주만큼은 알뜰하게 앗아 갔던 것이다.

오죽하면 세종 때 공조에서 이제껏 모든 고리를 화척에게서 거뒀는데 이제는 그만 받고 민가에서 거두자는 말까지 나올까.

공조에서 아뢰었다.
"전에 장흥고(長興庫, 궁중 물품을 관리하는 관청)에서 버드나무로 만든 옷고리를 모두 화척의 집에서 거두어 상납하였는데, 이제 재인과 화척이 모두 평민과 섞여 살면서 혼인하게 되고 그전에 하던 직업은 금지시켰으니, 유기를 다른 공물들처럼 민가에서 거두어 상납하게 하소서."

이에 그대로 따랐다. 《조선왕조실록》 세종 6년 3월 8일

참으로 고단한 생업이었다. 온갖 품을 들인 정갈한 예술품은 공물로 빼앗기고, 얼기설기 엮은 고리들만 간신히 몇 개 남겨 헐값에 팔아 입에 풀칠하며 살아야 했다. 그러고도 나중에는 이 재주 때문에 '고리백정'이라 불리며 손가락질까지 받는다. 엄연한 전문 기술이 조금도 대접받지 못한 것이다. 그래도 그들을 먹여 살리는 것은 결국 이런 고단한 기술이요 재주뿐이었다.

화척, 버들고리 짜는 일이 생업인 재주 많은 유목민. 그들이 바로 백정이었다.

재인, 춤추고 노래하는 광대

화척과 더불어 가장 흔하게 백정을 뜻하는 말로 재인이 있다.

앞서 고리를 짜며 사냥과 도살을 업으로 하던 양수척이 고려 후기에 가서는 재인과 화척으로 나뉘었다고 했다. 이때 사냥과 짐승 잡는 일은 화척이, 갖가지 기예와 재주를 부리는 일은 재인이 주로 가져갔다. 하지만 어디까지나 편의에 따른 구분으로 실제로는 하는 일도 섞여 있었고 호칭도 섞어 쓰였다.

다만 여전히 바뀌지 않은 것이 하나 있다면 그 재주가 공공연히 '차출'되었다는 점이다. 곧 아무 대가 없이 자주 재주를 빼앗겼다는

말이다. 《고려사》나 《동국통감》, 《고려도경》 같은 여러 기록들에서 이들 삶의 단초를 간간이 짐작해 볼 수 있다.

- 고려 **장인**은 솜씨가 매우 정교한데 뛰어난 재주를 가진 이는 모 두 관아에 매어 있다.
- 양광도와 전라도에 사람을 보내 제주인과 **화척** 및 **재인**을 남김없 이 다 동원하여 서북면의 수비병으로 충당했다.
- 중군 판관 김양경이 **재인**으로 하여금 군대 앞에 나열하여 북을 치며 떠들썩하게 잡희를 하게 하였다.
- 왕이 남경에 도착하자 귀순하여 살던 거란인들이 거란의 **가무**와 **잡희**로 왕을 맞이했다. 왕이 수레를 멈추고 구경하였다.

특히 마지막에 "왕이 수레를 멈추고 구경"할 만큼 화려한 가무와 유희 솜씨는 뭇 권력층이 가장 탐내는 재주였다. 이 재인의 맥이 후 대로 흐르면 광대가 되고 배우가 된다. 이들은 재인, 우인, 광대, 창 우 같은 여러 이름으로 불리며 역사에 등장한다. 간신배나 권력자 의 욕심에 휘둘려 재주를 빼앗기는 쪽으로도 자주 나온다.

아예 재인들을 끼고 입이 떡 벌어질 만큼 화려하게 노는 기록도 남아 있다. 《고려사》 열전 '최이' 편에는 강화 천도 당시 높은 신분 의 종실과 신하들을 모아서 엄청나게 큰 연회를 여는 이야기가 나 온다. 어찌나 화려한 연회이던지 산처럼 높은 채붕(綵棚, 오색 비단으 로 장식한 무대)에 능라 휘장, 눈부신 얼음 장식까지 등장한다. 그리고 천여 명이 넘는 악공과 재인이 연회에 동원된다.

> 5월에 정일품 이상 왕족과 대신들에게 연회를 베풀었다.
> 채붕을 산처럼 높게 설치하고 비단 장막과 능라 휘장을 둘러친 뒤 가운데에 그네를 매달아 수놓은 비단과 화려한 조화로 장식하였다. 큰 화분 네 개를 설치해 산봉우리처럼 얼음을 채우고 화분마다 모두 은테를 두르고 자개로 장식했다. 큰 항아리 네 개에는 이름난 꽃 십여 종을 꽂아 보는 이들의 눈을 황홀하게 하였다.
> 기악과 온갖 놀이가 벌어지자, 팔방상(八坊廂, 음악을 맡은 관청) 공인 1,350여 명이 모두 옷을 차려입고 정원으로 들어와서 음악을 연주하였다. 온갖 악기와 노랫소리가 천지를 진동했다. 최이가 팔방상에 저마다 백금 세 근씩을 주었고, 또 영관과 양부의 **기녀**와 **재인**들에게 금과 비단을 주었는데 그 비용이 만 금이 넘었다.
>
> 《고려사》 최충헌 부 '최이' 열전

눈과 귀는 참으로 즐거웠겠으나, 그 즐거움과 화려함을 지탱하고자 고생하며 죽어 가는 것은 밑바닥 천민들뿐이었다. 재인은 그중에서도 특히 심했다. 그러다 조선 후기에 이르면 이른바 '팔반사천八般私賤'이 되어 가장 낮은 자리로 떨어진다.

팔반사천은 조선 시대 가장 천했던 여덟 종류 사람을 일컫는 말이다. 승려, 광대, 재인, 무녀, 사당, 상여꾼, 갖바치, 백정이 그들인데, 유교 국가에서 신분이 낮아진 승려나 무녀를 **빼면** 나머지 천인들은 다 백정 부류에 든다.

소 잡는 백정, 그 가죽만 다루는 갖바치, 재주를 파는 재인과 사당과 광대. 거기에 상여꾼 또한 거의 백정들이 맡았다. 백정이 워낙 천하게 여겨지다 보니 죄수의 목을 베는 망나니나 죽은 이를 옮기는 상여꾼처럼 거칠고 힘든 일은 으레 백정들 몫이 되고는 했기 때문이다. 결국 팔반사천 가운데 무려 여섯이 백정이었다.

그렇게 말을 타며 자유롭게 춤추고 노래하던 이들은 재주를 하나씩 빼앗기며 속박당하기 시작한다. 그러면서 점점 더 밑바닥 천민으로 떨어지고 마는 것이다.

재인, 춤추고 노래하는 재주 많은 광대들. 그들 또한 백정이었다.

달단, 초원을 달리는 타타르의 후예

달단은 앞서 나온 재인이나 화척과는 좀 다르다. 이름부터 이미 이민족의 느낌이 물씬 난다.

달단은 몽골족의 한 갈래로 흔히 '타타르'라고 부르는 부족이었다. 중국 기록에는 이들이 달단達旦, 달단韃靼, 달달達達, 달달達怛, 탑탑이塔塔爾 들로 나오는데 모두 타타르를 나타내는 말이다. 한때는 달단, 또는 타타르가 몽골족을 대표하는 이름이 될 만큼 세력이 넓고 힘이 셌다. 하지만 13세기 초, 칭기즈 칸이 모든 부족을 통일하고 몽골 제국을 세우면서 점점 타타르보다는 몽골이 민족을 대표하는 이름이 되었다. 그리고 마침내 1271년, 원나라가 세워지면서 달단이라는 부족 이름은 역사의 뒤편으로 밀려난다.

달단이 고려에 들어오기 시작한 것도 이 무렵이었으리라. 당시 세계를 모두 자기들 말발굽 아래 두고자 했던 몽골에게 고려 또한 예외는 아니었다. 고려에 들이닥친 몽골군과 무신정권의 다툼은 강화 천도로 이어지고, 마침내 최씨 무신정권의 마지막 후예인 최의가 죽고 나자 고려는 얼마 안 가 몽골이 세운 원나라 손에 떨어진다. 그 뒤로 이어지는 원 간섭기와 고려 말 혼란, 조선의 건국까지는 굳이 적지 않겠으나, 다만 이 시기에 달단과 몽골인이 고려에 들어왔으리라는 짐작은 할 수 있다.

이들은 화척과는 다르게 아주 활달한 유목 민족의 기세를 보여 준다. 조선 중기까지도 이들 달단은 끊임없이 국경의 골칫거리로 남아 있었다. 《조선왕조실록》에는 시시때때로 출몰하는 달단의 모습을 이렇게 기록하고 있다.

◎ 달달(달단)이 변경으로 쳐들어와 길이 통하지 않는다.
◎ 달단이 또 변방을 침노하므로 요동 땅 군대를 동원시켜서 수비했다.
◎ 달단 군사가 조금 뜸하여 요동에 성을 지키는 경비가 없다.
◎ 달단 군사가 근처에 많이 돌아다닌다.
◎ 바야흐로 달단 도적이 일어나서 여기저기 손해를 끼치는구나!

하지만 세월이 지나면서 고삐 풀린 망아지 같던 이들도 점차 적응을 한다. 이왕 옮겨 살기로 한 거, 나라 규칙도 지키고 공물도 바치면서 조금씩 조선의 백성이 되어 가는 것이다.

한 예로 태종 때 진상품을 바치는 간척(干尺, 수공업 같은 천한 일을 맡아 하던 사람) 이야기가 나오는데, 거기에 달단이 버젓이 들어가 있다. 풍해도(황해도) 관찰사가 간척들과 진상품에 문제가 있다 아뢰자 임금이 이런 명을 내린다.

"함길도, 평안도, 풍해도 각 고을에 흩어져 있는 생안간生雁干과 수유간酥油干의 목록을 낱낱이 조사하되, 그중에서 달달은 그전대로 두고, 평민은 모조리 군역에 붙이도록 하라."

《조선왕조실록》 태종 17년 4월 19일

이때 생안간은 산 기러기를 잡아 바치는 간척이고, 수유간은 수유를 만들어 바치는 간척이다. 수유는 우유를 끓여서 만든 기름인데 우유가 흔치 않은 조선에서는 귀한 물품이었다. 대개 약으로 먹거나, 나이가 들어 병이 난 신하들에게 하사품으로 주었다.

수유는 보통 민가에서는 못 만들고, 초원을 누비면서 말젖 따위로 발효유를 만들어 먹는 데 익숙한 달단이 거의 다 생산했다. 그래서 자연스럽게 이들 달단이 수유를 바치는 '수유간'이 되었다. 수유척, 수유치, 수유적이라고도 불렀다.

그런데 수유를 만드는 일이 희귀해서 대우를 받자 그 때문에 부역을 피해 버리는 일이 자주 일어났다. 수유가 얻기 힘든 만큼 수유척들은 부역이나 군역에서 면제되었기 때문이다. 심지어 건장한 남자 스무 명이 수유 생산을 핑계로 다른 부역을 하지 않으려는 일까지 생겼다. 결국 이런 일이 자주 문제가 되자 세종 때에는 아예 수유척을 폐지해 버린다.

황해도, 평안도에 수유적이 있다.

수유적은 스스로 **달단**의 한 갈래라 하면서 짐승 잡는 일로 직업을 삼고 있었다. 한 호戶에 해마다 수유 한 정을 사옹방(司饔房, 궁중 관청)에 바치면 집에 부역이 따로 없으니, 군역을 피하는 사람들이 많이 가서 의지하였다.

그러나 수유는 실로 얻기 어려워서, 한 호에서 몇 해를 지나도 한 정도 바치지 못하거나, 또는 몇 호에서 공동으로 한 정을 바치기도 하니, 국가에 들어오는 것은 얼마 되지 않으면서 실제로 주현의 폐해는 많았다. ……드디어 이를 다 폐지하니 모두 수백 호가 되었다.

《조선왕조실록》 세종 3년 11월 28일

수유척은 폐지되었으나 수유를 만들던 달단들까지 한꺼번에 사라질 수는 없었다. 그들은 여전히 이 땅에 뿌리를 내린 채 적응해 살아가야 했다. 그렇게 여러 과정을 거치며 초원을 달리던 타타르의 후예도 점차 사람들 사이에 섞이고 그 피가 희미해지면서 조선의 백성이 되기 시작한다.

달단, 초원을 달리던 타타르의 후예. 그들 또한 백정이었다.

낮아짐의 시작, 이종과 별종

때로는 화척이요 수척이며 양수척이고, 또 때로는 재인이요 광대며, 또 때로는 타타르이고 달단이던 이들. 이름이야 무엇이든 그들이 모두 백정의 옛 모습이었음은 분명하다.

그런데 비슷한 듯 또 다른 이들을 모두 백정이란 한 낱말로 묶기에는 뭔가 껄끄럽다. 서로 조금씩 차이가 있기 때문이다. 하지만 이들을 깔끔하게 묶는 공통점이 하나 있으니 바로 이종이요, 별종이라는 점이다. 말하자면 원래부터 이 땅에서 살던 토박이가 아니라 다른 곳에서 넘어온 오랑캐요, 이민족이라는 것이었다.《조선왕조실록》에는 그 부분이 수도 없이 되풀이되어 나온다.

○ 백정은 본디 비아류非我類, 우리 족속이 아니므로 전해 내려오는 풍속을 바꾸지 않고 자기들끼리만 모여 있고 자기들끼리만 혼인한다.

○ 재인과 백정은 본디 이류異類, 다른 무리인데 농업은 일삼지 않고 사람이 살지 않는 곳에 모여서 오로지 도둑질만 일삼는다.

○ 우리 나라에는 별종인 사람들이 있는데, 사냥과 유기 제조를 업으로 삼았으니 호적에 오른 평민들과는 다르다. 그들을 일컬어

백정이라 한다.

⊙ 백정은 그 선조가 호종胡種, 곧 오랑캐다.

여기서 백정을 가혹하게 만드는 중요한 단서를 찾을 수 있다.

첫째는 뭐니 뭐니 해도 "우리 족속이 아닌" 이들, 곧 비아류요 별종이요 오랑캐라는 점이다. 우리라는 테두리 안에 있지 않고 다른 테두리에서 넘어온 다른 족속, 다른 무리. 당연히 바라보는 시선이 고울 리가 없었다.

그런데도 둘째, 그들은 전해 내려오는 풍속을 바꾸지 않았다. 그것도 모자라 "자기들끼리만" 모여서 "자기들끼리만" 혼인하고 살았다. 이왕 남의 땅에서 사는 거, 적당히 섞여 살면 좋았을 것을 이들은 본디 풍속도, 혈통도 버리지 못했다.

게다가 셋째, 이들은 다른 백성들처럼 농사를 짓지 않고 "사냥과 유기 제조"를 생업으로 삼았다. 버들고리 짜는 것도 천한 일이었으나, 짐승의 피를 묻히는 도살이야말로 이들을 남들과 구분하는 가장 확실한 특징이었다.

가뜩이나 생명을 빼앗는 살생을 부정하고 불결한 짓이라 여기는 세상이었다. 그 부정한 짓으로 먹고사는 이들은 더더욱 더럽고 부정하다 여겼다. 심지어 좋은 일을 앞두고 백정을 만나면 "부정 탄다"며 질색을 하고 눈을 부라렸다. 그런 편견은 세월이 지날수록 더욱 심하고 견고해져 결국 백정은 피를 묻히는 불결하고 부정한 별종의 집단으로 남게 된 것이다.

나와 다른 것을 보는 시선은 흔히 두 가지다.

다르니 다르다고 보거나, 달라서 이상하게 보거나. 다른 점을 받아들여 인정하거나, 다르니까 이상하다며 혐오하거나. 백정을 보는 시선은 후자에 가까웠다. 다른 것은 틀린 것이 아니며 오히려 다양함을 이해하고 성숙해질 수 있는 축복에 가깝다. 하지만 그것을 인정하지 못할 때 다름을 향한 차별이 생기고 천대와 억압, 멸시와 냉대도 자연스럽게 커진다. 안타깝게도 바로 그것이 백정이 갈수록 낮아지고 천해질 수밖에 없던 가장 큰 까닭이었다.

이민족이라는 거부감이 얼마나 강하게 작용했는지는 중추원부사 은아리의 예를 보면 알 수 있다.

은아리는 여진족 출신의 야인이다. 실록에 무재교사武才巧思, 곧 무인의 재능과 교묘한 생각이 있다고 기록될 만큼 뛰어났던 은아리는 나중에 벼슬이 종이품 중추원부사에 오른다. 하지만 이민족이라는 점이 내내 발목을 잡았다. 아무리 벼슬이 높아져도 이족 출신인 은아리는 다른 이들에게 낮보이고 모욕당하기 일쑤였다. 그가 어떤 위치에 있었는지를 다음 일화가 잘 보여 준다.

사헌부가 판내시부사 김용기가 중추원부사 은아리에게 실례한 죄를 논죄하였다…….

애초에 용기가 조회에 들어가는 재상과 대간들에게 식사를 드리는데, 은아리는 여진 사람이어서 불학무식하므로 사람들이 모두 낮추보는 터였다. 아리가 식사 중에 기름진 고기를 먹으면서 술은 주어도 마시지 아니하자 용기가 농담하였다.

"그대는 가짜 달단이다. 달단은 기름진 고기를 먹을 때는 반드시 술을 마시는데, 그대는 기름진 고기를 먹으면서 술을 마시지 아니하니 참말 가짜 달단이다."

이에 대사헌 신개가 조정에서 물러나와 탄핵하였다.

《조선왕조실록》 세종 15년 윤8월 18일

김용기는 판'내시'부사라는 벼슬명에서 알 수 있듯 내시다. 그중에서도 으뜸인 판내시부사다. 이 으뜸 내시가 유독 은아리만 짚어서 술을 먹지 않는다고 놀린 것이다. 게다가 농담이라 던진 말도 틀렸다. 같은 이족이라도 은아리는 여진족 출신으로 몽골족인 달단과는 풍습이나 갈래가 다르다. 그런데 출신조차 잘 모르면서 무조건 이족이니 달단이라 짐작하여 비아냥거린 것이다.

은아리가 김용기의 도발에 어찌 응했는지는 실록에 나오지 않는다. 다만 옆에서 보던 대사헌 신개가 이를 못마땅하게 여겨 이렇게 탄핵했다고 나온다.

"중추원부사 은아리는 이품 대관이옵니다. 그런데 용기가 시정배의 상스러운 말로 업신여기고 조롱하여 그를 대하는 말과 행동이 지극히 교만하였사옵니다. 이는 조정을 공경하는 의사가 없는 것이니 엄격히 죄를 물으소서."

이에 임금은 대신에게 무례하게 굴었음을 꾸짖으면서도 "이번 한 번은 용서할 터이니 다시는 그러지 말거라" 하고 내시를 용서한다. 결국 모든 것은 없던 일로 돌아갔다. 조정 대신들 앞에서 이품 대관을 "상스러운 말로 업신여기고 조롱"했는데, 아무런 처벌도 받지 않은 것이다. 조롱받은 그 대신이 아무런 뒷배도 없는 오랑캐 출신이었기 때문이다.

이품 대관조차 이러하였다. 하물며 짐승 도살을 하는 이민족 출신자들이 어떤 취급을 당했는지는 충분히 짐작해 볼 수 있겠다.

이족. 우리가 아닌 '다른' 족속.

바로 거기에서 백정이라는 모질고도 고된 운명은 이미 시작된 것이 아닐까. '다르다'라는 것이 '틀리다'는 뜻이 아님을 깨닫는 데에는 아주 오랜 시간이 필요했다. 그마저도 아직 완전하지 않았다. 그랬기에 백정의 역사를 알아 가는 일은 더욱 중요할 수밖에 없다. 모든 차별의 시작과 그 과정을 알아야 비로소 똑바로 잘못과 맞설 수 있기 때문이다.

첫 번째 백정
기생 자운선

기생이 어찌 백정이라는 말인가?

첫 번째 백정으로 기생을 뽑았으니 대뜸 이런 물음을 던질 만하다. 하지만 앞서 살펴보았듯 백정의 처음에는 재인과 화척이 있었다. 그리고 춤추고 노래하는 재인 중에서도 유달리 아름다운 여인들은 기생이 되었다. 기생의 기원이 바로 양수척이다.

국어사전도 기생과 백정이 같은 갈래에서 나왔다고 설명한다.

무-자리02

후삼국 · 고려 시대에, 떠돌아다니면서 천업에 종사하던 무리. 대개 여진의 포로 혹은 귀화인의 후예로서 호적과 부역이 없었고 떠돌아다니면서 사냥을 하거나 고리를 만들어 파는 것을 업으로 삼았는데, 이들에게서 광대, 백정, 기생 들이 나왔다고 한다. ≒수척01水尺 · 양수척.
　　　　　　　　　　　　《표준국어대사전》, 국립국어원, '무자리' 항목

사실 양수척을 가장 잘 설명하는 글은 국어사전이나 이제껏 인용한 《조선왕조실록》, 또는 《고려사》 '세가(왕조)' 편 같은 것이 아니다. 《고려사》에서도 '열전' 편, 특히 무신정권의 핵심 인물인 최충헌 열전에 양수척이 무엇인지 잘 나와 있다.

　양수척은 본디 태조가 후백제를 공격할 때 복속시키기 어려웠던 사람들의 후손이다. 관적과 부역이 없었으며, 수초가 자라는 곳을 따라 일정한 거처 없이 옮겨 다니면서 사냥과 유기를 만들어 파는 것을 생업으로 삼았다. 기생 족속들은 거개가 본디 이 유기장 집안에서 나왔다.
　　　　　　　　　　　　　　　　　　　《고려사》 최충헌 열전

여기서 앞서 나온 양수척의 처지나 생업, 생활 습관들을 다시 확인할 수 있다. 거기에 더해 이제껏 다른 기록에서는 전혀 찾아볼 수 없었던 사실이 하나 나온다. 바로 첫 줄, 양수척의 기원을 설명하는 다음 대목이다.

"양수척은 본디 태조가 후백제를 공격할 때 복속시키기 어려웠던 사람들의 후손이다."

이제껏 백정을 외부에서 건너온 이민족 출신이라 설명했다. 그런데 여기서는 이민족이 아니라 같은 민족이되, 멸망한 나라 후백제의 후손이라는 새로운 기원을 제시하고 있는 것이다.

나라가 망했으니 그 후손의 대우가 낮아지고 천해지는 것은 당연한 순서였다. 그렇게 그들은 나라를 잃고 떠돌며 부역도 호적도 없는 천한 자가 되었다. 게다가 "복속시키기 어려웠던 사람들"이라고 꼭 짚는 점에서 이들의 성향도 알 수 있다. 그들은 새 왕조에 복속해서 편안히 안주하기보다는, 차라리 모든 영화를 다 버린 채 옛 충절을 지켜 떠돌이로 사는 선택을 한 사람들인 것이다.

그로 인해 얻은 것이 자유라면, 그로 인해 잃은 것도 자유일 것이다. 자유롭게 살 권리를 택했지만 그에 따른 핍박과 억압이 그렇게 내버려 두지 않았을 테니까. 하지만 이들은 미련 갖지 않고 기꺼이 모든 권리를 다 떨치고 자유롭게 떠도는 삶을 택한다.

자유와 자존. 그것이 그들이 고달픈 유랑민의 삶을 선택한 까닭이요 또한 대가였던 것이다.

이와 비슷한 이야기로 '백정과 두문동 72현인' 기원설이 있다.

고려가 망하고 조선이 세워지자 새 왕조를 거부하는 선비들이 두

문동으로 들어간다. 그들은 끝까지 조선의 벼슬자리를 받지 않고 꼿꼿이 절개를 지켰는데, 그 때문에 심각한 가난과 궁핍을 맞닥뜨리게 된다. 이때 가난을 면하고자 가죽신을 만들어 판 것이 나중에 '갖바치'라는 백정의 한 무리가 되었다는 것이다.

결국 백정은 천한 이민족이 아니라 절개를 지킨 선비의 자손이었다는 말이다. 비슷한 맥락으로 단군의 신하 중에 짐승을 잡는 선인이 있었는데, 그 후손이 백정이라는 설도 전해진다. 비록 항간에 떠도는 이야기라고는 하지만, 적어도 이런 이야기들을 통해 그들에게 꼬장꼬장한 자기 고집, 건드릴 수 없는 자의식 같은 것이 있었음을 알 수 있겠다.

그런데 이상하다. 앞서 말했듯 저 기록은 최충헌 열전의 한 대목이다. 애초에 최충헌의 일대기를 적은 열전에 왜 느닷없이 양수척 이야기가 등장할까? 당대 최고의 권력자와 당대 최고의 천민 양수척이 무슨 관계가 있어서?

그 대답에 바로 자운선이 등장한다. 저 긴 설명이 백정 출신의 기생 족속, 그중에서도 특히나 아름다웠던 기생 '자운선'을 설명하고자 나왔기 때문이다.

자줏빛 구름, 선녀와 첩

자운선에서 자운紫雲은 '자줏빛 구름'이라는 뜻이다. 본디 상서로운 선계의 구름을 뜻하는 말인데 거기에 선녀 선仙까지 붙였으니 좋은 것은 다 갖다 붙였다. 아마도 자운선은 빼어난 미녀였을 터이다. 오죽하면 당대 최고의 권력자 둘이 연달아 반할까.

이 이야기를 하자면 당시 고려를 지배했던 무신정권 이야기를 아니 할 수 없다. 무신정권의 핵심으로 가장 큰 권력을 누렸던 두 남자 이의민과 최충헌이 자운선과 얽히기 때문이다.

무신정권 초기에 공을 세우고 경대승이 죽은 뒤 권력을 잡아 13년 독재를 펼쳤던 이의민. 그리고 이의민을 죽이고 기나긴 최씨 정권의 서막을 올리는 최충헌. 이 두 권력자가 한낱 기생으로 얽히는 것은 이의민의 아들 이지영 때문이다.

최충헌이 아직 발톱을 숨기고 있던 시절, 세상은 이의민의 것이었다. 그리고 이지영은 무소불위의 권력자 아비 옆에서 그 힘을 빌려 꿀을 빨아먹는 망나니였다. 거칠고 방자했던 그는 욕심 또한 많아 백성들에게서 어떻게든 더 많은 세금과 공물을 갈취하려 했다. 그때 이용한 것이 자신의 애첩, 양수척 출신의 아름다운 기녀 자운선이었다.

예전에 이지영이 삭주분도장군으로 있을 때, 양수척이 홍화도와 운중도에 많이 살고 있었다. 이지영이 "너희들은 본래 부역이 없으니 내 기녀 자운선 밑으로 두겠다" 하면서 그들의 명단을 호적에 올린 뒤 끊임없이 공물을 징수했다.   《고려사》 최충헌 열전이지영이 부역이 없는 양수척들을 제 마음대로 애첩의 호적에 올린 뒤 그들에게서 끊임없이 공물을 거뒀다는 말이다. 자운선이 같은 양수척 출신임을 교묘히 이용한 것이다. 이지영이 죽고 나서도 그 수탈은 끝나지 않았다. 뒤를 이은 최충헌이 똑같은 짓을, 그것도 "더욱 심하게" 했기 때문이다.

최충헌이 누구인가?

《고려사》중에서도 유독 길디긴 열전을 남긴 이 사람이, 권력으로 따지면 그 무엇 하나 부러울 게 없는 이 사람이 고작 기생의 이름을 빌려서 수탈을 했다. 얼마나 이득이 크기에 최고 권력자가 기생의 이름을 빌려서까지 수탈을 했는지는 알 수 없지만, 적어도 이것이 개인의 욕심을 넘어서 나라를 흔들 만큼 커다란 사건으로 이어지는 것은 분명하다. 왜냐하면 이들이 살던 곳이 다름 아닌 "홍화도와 운중도"였기 때문이다.

홍화도와 운중도는 고려 서북쪽 국경 지대로 뻗은 길이다. 홍화도는 안북도호부가 있던 안주 북쪽에서 철산, 의주까지 이어지고 운중도는 안주 동쪽 영변에서 개천, 맹산을 잇는다. 이곳은 서북쪽 경계, 곧 '서북계西北界'라 불리며 고려 초부터 국경의 경계 지역이자 군사 요충지로 아주 중요하게 여겨졌다. 그런데 이 중요한 국경 지대에서 두 장군이 하는 짓이라는 게 고작 기생을 이용해 공물을 빨아먹는 일이었다.

그러니 어찌 되었을까. 당연히 반발과 저항이 뒤따른다. 적들이 국경을 넘어 침입해 오자 변경 사람들이 나라를 지키기는커녕 도리어 등을 돌려 적군의 편으로 돌아서고 만 것이다.

이지영이 죽은 뒤, 최충헌이 자운선을 첩으로 삼고서 더욱 심하게 사람 수를 따져 공물을 징수했다. 양수척들이 크게 원망하던 차에 거란군이 오자 기꺼이 항복하고 길잡이가 되었다. 이에 거란군은 산천의 주요 지형과 도로 사정을 훤히 다 알게 되었다.
양수척은 본디 태조가 후백제를 공격할 때 복속시키기 어려웠던 사람들의 후손으로…….

이제는 왜 최충헌 열전에 느닷없이 양수척 이야기가 나왔는지 알수 있을 것이다. 가뜩이나 "복속시키기 어려웠던" 반골 기질이 있던 양수척이었다. 그런데 정권이 대를 이어 수탈을 일삼자 더는 참지 못하고 들고일어난 것이다. 이들은 본디 산과 들을 누비며 짐승을 잡던 사냥꾼 족속. 온갖 지름길과 샛길과 중요한 거점을 누구보다 잘 알았다. 그냥 배신한 첩자만도 감당하기 어려운데 그 누구보다 뛰어난 길잡이가 거란군 쪽으로 돌아선 것이다.
이때 거란군은 용맹한 거란족 용사 금산왕자와 금시왕자가 지휘하고 있었다. 그에 견주면 고려 정부군은 형편없었다. 쓸 만한 병사는 죄다 최충헌이 뽑아 가고 남은 병사들은 오합지졸이었다. 그러니 양수척의 배신은 더더욱 뼈아픈 실책일 수밖에 없었다. 최충헌때문에 이 지경이 되고도 결국 최충헌의 사병 말고는 대안이 없던고려는 빠져나올 길 없는 궁지에 몰린다.

이때 반전이 일어난다. 양수척들이 다시 고려 편이 될 수도 있다고 화해의 손을 내민 것이다. 그리고 왜 반기를 들었는지 비로소 까닭을 밝힌다.

"우리들은 고의로 반역한 것이 아니다. 기생 집안의 침탈을 견딜 수가 없었기에 할 수 없이 거란군에게 항복해 길잡이가 되었을 뿐이다. 만약 조정에서 기생들과 순천사 주지를 죽인다면 창을 거꾸로 돌려서 나라를 돕겠다."

여기서 "기생 집안"이란 당연히 양수척이 호적에 올랐던 자운선이다. 더 정확히는 자운선의 신분을 이용해 이득을 취했던 최충헌을 가리킨다. 함께 입에 오른 순천사 주지 또한 권세를 믿고 기생들과 더불어 온갖 패악을 저지르는 인물이었다.
그리고 양수척들의 저항은 보기 좋게 성공한다.

최충헌이 그 소식을 듣자 애기 자운선과 상림홍을 고향으로 돌려보냈다. 권세를 믿고 제 마음대로 굴며 기생들과 문란한 짓을 하던 순천사 주지도 소식을 듣자 도망가 버렸다.

양수척을 괴롭히던 두 세력, 최고 권력자 최충헌과 타락한 순천사 주지가 둘 다 항복을 선언한 것이다. 최충헌은 더는 자운선을 이용하지 못했고, 순천사 주지도 처벌을 피해 꽁지가 빠져라 도망쳐 버렸다. 그렇게 느닷없이 최충헌 열전에 등장했던 양수척 대목은 끝이 난다.

붉은 숲으로 돌아갔더라

거란 침입, 홍화도와 운중도의 배신, 그 빌미가 되었던 자운선, 양수척과 기생의 기원, 항복을 선언한 권력자…….

그 뒤 아름다웠던 기녀 자운선과 비슷한 처지였을 상림홍이 어찌 되었는지는 더 나오지 않는다. 어차피 왕조의 기록이란 여자와 약자를 기록하는 데 늘 인색하다. 심지어 저 몇 줄 기록조차 악의적으로 해석해 보면 자운선은 일족을 위해 아무것도 하지 않은, 그저 이용만 당하는 한심한 여자로 보일 수도 있겠다.

하지만 정말 자운선은 아무것도 하지 않았을까? 끝없이 수탈당하는 동포들의 고통을 외면한 채 오로지 자기 한 몸의 안락만 추구하며 살았을까? 아마 그 해답의 열쇠는 마지막 줄, "고향으로 돌아갔다"는 대목에서 찾을 수 있지 않을까 싶다.

최충헌이 누구던가. 임금조차 쩔쩔매는 최고 권력자였다. 그런 사람이 자기 애첩을 바로 고향에 돌려보냈다. 왜? 이제부터 안 그러겠다고 대충 타협하면 됐을 일을, 어차피 목적은 수탈을 멈추는 것일 테니 그것만 들어주고 애첩은 취해도 적당히 넘어갔을 일을, 최충헌은 보란 듯이 당장 돌려보냈다.

애초에 양수척들은 기생과 주지를 '죽이면' 돕겠다고 했다. 주지야 잽싸게 도망쳤다 해도 자운선은 남아 있었다. 그런데도 죽지 않고 무사히 고향으로 돌아갔다. 양수척으로서는 주지보다 오히려 같은 족속으로 이름을 빌려준 자운선이 더욱 미웠을 터인데, 눈앞의 원수를 보고도 그냥 보내 준 것이다. 아니, 어쩌면 처음부터 그것을 노리고 있던 게 아니었을까. 그래서 처음에는 "죽여라!" 하고 강하게 나가며 분위기를 잡다가 나중에는 적당히 눈치를 봐서 슬쩍 물러선 것이 아닐까 싶은 것이다.

양수척도 저 정도에서 멈춰야 했으리라. 애초에 그들만의 힘으로 최충헌을 끌어내릴 수는 없었다. 하지만 그 밑의 탐욕스러운 주지를 처벌하고 자기네 출신 여자 정도는 되찾을 수 있었던 것이다.

그 뒤에 이어지는 기록을 살펴보면 더는 양수척의 반항이 나오지 않는다. 그 말은 자운선이 고향에 돌아가자 양수척 무리가 약속대로 고려 편으로 돌아섰다는 뜻이다. 처음 요구대로 죽이지 않고 그저 고향에 돌려보낸 것만으로 만족한 것이다.

그리고 이 시점에서 최충헌은 이미 양수척에게 졌다. 아무리 당대의 권력자라도 양수척 반란이 가진 힘, 거꾸로 창을 드는 의기를 함부로 무시할 수 없었던 것이다. 당장은 양수척의 힘이 필요했고, 최충헌에게는 변경을 지켜 자리를 보존하는 것이 애첩 하나를 지키는 것보다 훨씬 더 중요했다. 그래서 눈물을 머금고 공물과 애첩, 둘다 포기했던 것이다.

그렇게 자운선은 자유로워졌다. 이지영에 이어 최충헌까지 무신정권 2대에 걸친 속박에서 비로소 벗어난 것이다. 어쩌면 그 자유야 말로 자운선이 가장 바라던 것이 아니었을까. 열전 마지막에 적힌 한 줄이 사실은 자운선이 바란 모든 것이었다는 생각이 드는 것도 그 때문이다.

"최충헌이 소식을 듣자 애기 자운선과 상림홍을 고향으로 돌려
보냈다."

그렇게 두 여자는 고향으로 돌아갔다. 자신들 이름처럼 자줏빛 낙원이나 붉디붉은 수풀 속으로 사라질 수는 없겠으나, 그래도 함께 손을 잡고 그리던 '고향'으로 갈 수는 있었을 것이다. 더는 수탈당하지 않는 고향으로, 자유로운 양수척들의 품으로. 어쩌면 낭만이 깃든 해석일 수도 있겠으나 또한 얼추 가능한 해석이기도 하겠다.

그래서 첫 번째 백정으로 자운선을 뽑아 보았다. 출신이 백정이기도 하려니와, 자운선의 이야기를 통해 백정의 초기 모습을 두루 살펴볼 수 있기 때문이다. 사냥, 버들고리, 떠돌이였던 양수척의 삶부터 자유로운 생활방식과 꺾이지 않는 혼까지, 자운선의 이야기에서 백정이 지닌 모든 특징들을 한꺼번에 만나 볼 수 있다.

화척, 재인, 달단에 이어 복속을 거부하는 용맹한 후백제의 후손들. 그들 또한 백정이었다.

그리고 얄궂게도 바로 이 강건한 혼이 백정을 더욱 나락으로 빠뜨려 버린다. 복속보다는 자유를 선택하고, 부당한 일에는 기꺼이 저항할 수 있는 자. 완성된 왕조는 언제나 이런 저항을 극도로 미워하고 잠재된 적으로 여긴다. 백정들을 향한 긴 억압은 어쩌면 바로

이 "창을 거꾸로 들 수 있는" 용맹함에서 나온 것은 아니었을까. 차별은 '나와 다른' 이종에서 나오기도 하지만, 또한 '나와 맞설 수 있는' 위험에서도 나오기 때문이다.

백정이 원하든 원치 않든 세상의 흐름은 그렇게 흘러가고 있었다. 그리고 고려가 망하고 새 왕조가 들어서는 순간, 이 차별과 두려움은 더욱 깊은 골을 파게 된다. 끝없는 빼앗김의 시작, 왜곡된 가치관의 시작, 진짜 차별과 억압의 시간이 시작되는 것이다. ◎

백성이 되라 하였더니 백정이 되었더라

제민화 정책의 두 얼굴. 통합이라 말하지만 실제로는 통제에 가까웠던 정책. 결국 그 정책의 실패는 고스란히 백정이 안았다. 삼대가 아니라 삼십 대가 지나도 백정은 여전히 백정일 뿐. 끝내 백성이 되지 못했다. 버림받은 백정 무리는 이제 어디로 가야 할까?

새로운 나라 조선이 세워졌다.

무릇 새 나라 초창기에는 무엇이든 다 해 보려는 의욕이 넘치기 마련이다. 조선 또한 개국 초기에는 전대 고려와는 다른 정책들을 줄줄이 내놓으면서 새로운 바람을 일으키고자 하였다.

무엇보다 가장 기본이 되는 통치 이념, 나라의 가치관이 불교에서 유교로 바뀌었다. 세속의 온갖 괴로움을 벗어나 지고한 극락을 꿈꾸는 불교는 사람의 절망을 위로하는 종'교'에 가깝다. 하지만 유교는 흔히 유'학'이라 불렀듯 몸과 마음을 닦는 학문이었다. 불교가 전생의 업보를 씻고자 끝없는 자비와 희생의 길을 가고자 했다면, 유교는 사는 동안 몸가짐을 바르게 하고 도덕적이고 어질게 사는 것을 기본으로 했다. 이 차이는 의외로 크고 넓었다.

종교가 아닌 학문이 다스리는 세상.

개인의 해탈과 수행이 아니라 나라의 치국治國과 제가齊家가 중요한 세상.

새 나라 조선은 그만큼 새로운 것을 보여야 했다. 그래서 내세운 것이 정치에서는 민본주의요, 경제에서는 농본주의였다.

민民, 백성이야말로 나라의 기본이라는 민본주의는 유교에서 말하는 인의 정치의 핵심이었다. 천하 모든 백성들이 편안히 잘 사는 태평성대야말로 가장 올바르고 좋은 정치의 표본이라 여겼다.

이 생각이 경제로 가면 자연스럽게 농본주의가 되었다. 나라의 근본은 백성이고, 그 백성이 가장 중요히 여기는 것은 먹을 것이니 백성을 배불리 잘 먹여야 비로소 정치도 편안해진다는 것이다. 그러니 먹을 것을 생산하는 농사가 중요해질 수밖에 없었다.

조선을 대표하는 현군 세종의 한마디는 이를 잘 드러내 준다.

"농사에 힘쓰고 곡식을 소중히 여기는 것은 왕정의 근본이므로, 내가 언제나 농사에 정성을 쏟는 것이다."

《조선왕조실록》 세종 12년 2월 14일

이른바 무농중곡務農重穀, "농사에 힘쓰고 곡식을 소중히 여긴다" 는 것이야말로 새로운 나라 조선의 핵심 과제였다. 이를 위해 대대로 조선의 임금은 토지 개간을 장려하고, 양전 사업을 실시하였으며, 농업 기술과 농기구 개발에 힘썼다. 그렇게 함으로써 백성도 잘 먹이고 나라 살림도 든든하게 살찌우려 했다.

이 튼튼한 민본주의, 농본주의 아래에서는 백정 또한 예외가 아니었다. 조선은 더는 부역도 지지 않고 떠도는 이족을 용납하지 않았다. 당연히 새로운 국가 질서 안에 들어와 순순히 정착하기를 바랐다. 백정은 더는 짐승 잡는 오랑캐가 아니라 왕권의 테두리 안에 있는 온전한 백성이 되어야 했던 것이다.

그리하여 조선은 왕조 내내 떠돌이 백'정'을 착실한 백'성'으로 정착시키려는 시도를 한다. 이른바 제민화齊民化 정책의 시작이었다.

항산도 없고 항심도 없고

조선 초기까지도 백정은 여전히 백정이었다.

나라가 바뀌었다고 하루아침에 밑바닥 삶까지 바뀌는 것은 아니었으니, 하늘 같은 권력이야 어찌 되든 땅 아래 백성들은 여전히 하루하루 먹고살기 바빴다. 백정도 마찬가지였다. 아니, 조선 초기에는 여전히 화척이나 재인이라 불렸고 그들이 '백정'이라는 이름을 갖게 되는 것도 좀 더 나중 일이다.

조선을 세운 일등 공신의 한 명이자 토지 전문가였던 조준은 이미 고려 말에 재인과 화척 이야기를 꺼내 놓았다.

"화척과 재인은 농사를 짓지 않고 가만히 앉아서 백성들의 조세로 먹고사는 자들로서, 일정한 생업이 없어 항심恒心도 없으니 산골짜기에 모여 살면서 거짓으로 왜적이라 칭하고 있습니다. 향후 우려할 만한 세력이니 빨리 조치를 취하지 않을 수 없습니다."

《고려사》 조준 열전

조준은 거의 똑같은 상소를 조선이 세워진 지 꼭 1년 만에 다시 올린다.

"재인과 화척은 이곳저곳으로 떠돌아다니면서 농업을 일삼지 않으니, 이에 배고픔과 추위를 벗어나지 못하여 상시 모여서 도적질하고 소와 말을 도살합니다. 허니 그들이 있는 주군州郡에서는 그들을 호적에 올려 토지에 안착시켜 농사를 짓도록 하옵소서. 만약 이를 어기는 사람이 있다면 반드시 죄를 주어야 할 것입니다."

《조선왕조실록》 태조 1년 9월 24일

비단 조준뿐 아니라 여러 대신들도 비슷한 상소를 올리는데 내용은 역시 조준의 상소와 크게 다르지 않다. 본디 습성을 버리지 못한 백정들을 못마땅하게 흘겨보며 하루라도 빨리 백정 문제를 해결해야 한다고 거듭 주장하고 있다.

이때 "항심이 없다"는 표현을 눈여겨보자. 조준은 그 말을 다음 상소문에서는 "이곳저곳 떠돌아다니면서 농업을 일삼지 않는다"는 표현으로 좀 더 자세히 풀어놓았다. 그리고 저 '항심'이야말로 고려에서 조선으로, 불교에서 유교로 바뀐 세상에서 백정에게 가장 큰 굴레로 작용하는 것이다.

여기서 항심은 흔들리지 않는 마음, 항상 잔잔하고 편안한 마음을 뜻한다. 항상 마음이 편안하려면 어찌해야 하는가? 일단 등 따습고 배불러야 한다. 등 따습고 배부르려면 또 어찌해야 하는가? 당연히 먹고살 재산이 있거나 밥벌이가 가능한 직업이 있어야 한다. 그래야 평안할 수 있으니 이런 재산이나 직업을 '항산恒産'이라 했다. 곧 사람은 누구나 항산이 있어야 걱정 없이 배부르게 잘 살고, 그래야 잔잔하고 편안한 항심을 지닐 수 있다는 것이다.

이는 고전인 《맹자》에도 나온 말이다. 맹자가 양나라 혜왕에게 이런 말을 한다.

"무릇 백성에게는 항산이 있어야 하옵니다. 항산이 없으면 항심도 없습니다."

만약 항심이 없으면?

"항심이 없다면 진실로 방자하고 치우치며 사악하고 사치스러운 짓을 하게 될 것입니다."

그러니 참된 군왕은 백성이 항상 항심을 가지도록 잘 보살펴야 한다는 것이다. 그래야 함부로 방자하거나 치우치거나 사악하거나 사치스러워지지 않는다. 거기에 맹자가 말하는 인의 정치, 왕도 정치의 핵심이 있었다.

그런데 조준은 백정을 "항심이 없는 자들"이라고 딱 잘라 말했다. 항심, 곧 항산이 없다는 것은 먹고사는 데 필요한 생업이나 재산이 없다는 말이다. 백정들에게도 엄연히 사냥이나 도축, 고리 짜는 기술들이 있었지만 그저 천한 재주로 치부했을 뿐 제대로 된 생업으로 보지 않았던 것이다.

　조선에서 가장 중요한 생업은 뭐니 뭐니 해도 '농업'이었다. 사농공상士農工商이라 하여 물류를 유통하는 상업조차 밑바닥 천한 일로 보았는데, 그보다 더 바닥에 놓인 백정의 일이야 더 말해 무엇 할까. 항산이 없어 진실로 방자하고 치우치고 사악한 짓을 하게 될 예비 범죄자일 뿐이었다.

　따라서 농사짓지 않는 백정은 나라 백성이 아니었다. 이 확고한 농본주의, 꿋꿋한 농경 중심 사회에서 백정들의 재주는 하릴없이 묻혔다. 더 나아가 조준은 해결 방법이라며 백정들에게 항산, 곧 땅을 주어 농사를 짓게 할 방안을 적극 주장했다.

　"그들을 호적에 올려 토지에 안착시켜 농사를 짓도록 하옵소서."

　만약에 농사가 싫다 거부하는 백정이 있다면?

　"이를 어기는 사람은 반드시 죄를 주어야 할 것입니다!"

　제민화 정책은 그렇게 시작되고 있었다.

제민, 백성 만들기의 두 얼굴

　제민화 정책에서 '제민'은 평범한 일반 백성을 이르는 말이다.

　세금과 부역을 책임지고 나라 테두리 안에서 적당히 보호받는, 의무와 권리를 함께 짊어진 보통 사람들. 그렇게 대다수 평범하고 흔한 백성이 바로 제민이다. 따라서 제민화 정책이라 하면 나라 사람들을 모두 이 제민으로 만드는 정책, 곧 "의무와 권리를 함께 지닌 보통 백성"으로 균등하게 만드는 정책을 뜻한다.

제민을 농민으로 바꿔 보면 좀 더 이해하기가 쉬울 것이다. 당시 조선에서는 농민이 가장 평범한 백성에 들었기 때문이다.

제민화, 또는 농민화 정책.

이 정책에 따라 백성 모두를 평범한 제민으로 만들어 골고루 잘살게 하는 것. 그것이 새로 세워진 조선의 대對백성 정책이었다. 뜻은 좋았으나 이 정책은 처음부터 두 얼굴을 지니고 있었다.

하나는 좋은 뜻에서 '통합'이다. 나라 안 사람들을 다 제민으로 끌어안겠다는 것으로 당연히 거기에는 일반 백성이 아닌 튀거나 모난 자들, 이를테면 백정 같은 이민족들도 큰 비중으로 들어 있었다.

새로 나라까지 세운 마당에 이들을 그냥 내버려 둘 수는 없었다. 오히려 사냥할 줄 아는 위험한 무리가 떠돌이로 남아 있는 것이 더 골칫거리였기에 그들을 끌어안고 통합하는 것이 조선 초기 민생 정책의 기본이 될 수밖에 없었다. 앞서 양수척을 말하는 상소에서 백정과 제민을 한데 묶어 말했던 것도 그래서이다.

"대개 백정은 그 종류가 하나가 아니니, 국가에서 그들을 '제민' 하는 데 고르지 못하여 민망합니다."

하지만 통합이 생각처럼 잘되지는 않았다. 이제껏 수백 년을 살아왔던 습속을 한꺼번에 바꾸는 것이 어디 그리 쉬울까. 그러자 억지로 강제해서라도 밀고 나가려 하였다.

제민화 정책의 또 다른 얼굴, '통제'이다.

떠돌이 백정이 제대로 농민화가 되지 않자 아예 법이나 권력으로 백정을 통제하고 묶으려 한 것이다. 거기에서 벗어나려 하면 강력한 처벌이 뒤따랐다. 결국 의도는 통합이었지만 실행에는 통제가 따르는 셈이었다. 그 뒤 줄줄이 이어지는 백정 정책을 보면 확실히 초기의 통합 의도는 사라지고 통제에 가까운 강압 정책으로 기울었음을 알 수 있다.

게다가 문제는, 언뜻 백정을 위하는 듯 보이는 통합조차도 사실은 백정을 위한 정책이 아니었다는 점이다. 그보다는 오히려 나라를 위하는 정책이었다.

생산을 늘리고자 활발하게 농지 개간을 하던 조선 초기였다. 땅을 개간하면 당연히 그 땅에서 농사지을 인력이 필요했다. 하지만 이미 자기 농사를 짓고 있는 양민들은 고향을 떠나 갓 개간해 척박하고 낯선 땅으로 가려 하지 않았다.

그러니 백정 정책은 두 가지 점에서 나라 재정에 큰 보탬이 되었다. 하나는 개간한 땅을 농사지을 노동력을 얻는 것이요, 또 하나는 그럼으로써 세금을 거둘 수 있다는 것이었다. 말이 좋아 제민이지 사실은 이제껏 국역을 지지 않고 자유롭게 살던 백정들을 새롭게 세금 내는 백성으로 재편한다는 것과 같았다.

게다가 개간 사업은 백정의 보금자리마저 빼앗아 갔다. 새롭게 농지를 개간할 때 가장 쉽게 대상이 된 곳은 버려진 저습지와 구릉지대였다. 그런데 물가를 따라 수렵과 채집을 하는 백정이 주로 살던 곳이 바로 그 저습지와 구릉 지대였던 것이다. 백정은 살던 곳도,

생업도 빼앗긴 채 제민화 정책에 따라 낯선 땅에서 억지로 농사를 지어야 하는 처지에 놓이고 말았다.

그러나 평생을 떠돌던 사람들을 갑자기 개간지에 데려다 놓고 붙박여 농사를 지으라 한들 그게 쉬울까. 백정 입장에서는 무슨 날벼락일까 싶었을 것이다. 산과 들을 쏘다니며 자유롭게 사냥하던 활발한 기질 또한 절기에 딱 맞춰 일정한 순서를 지켜야 하는 고된 농사일에 익숙해질 수가 없었다. 백정들 스스로도 고통을 호소한다.

"백정들의 습속이 농사를 괴롭게 여기어 말하옵니다.
'농사는 본래 하지 않던 일이니, 어찌 쉽게 배울 수 있겠는가!'
그리 말하오며 소 잡는 것이 여전하와 전혀 뉘우침이 없으니 국가
에도 이익이 없고 백성들에게도 해독이 심하옵니다."

《조선왕조실록》 세종 21년 2월 16일

게다가 더 큰 문제는 이들이 농사를 짓는다고 해서 짐승 잡는 일을 그만둘 수도 없었다는 것이다. 도살이 필요할 때면 언제든 불려가 짐승을 잡아야 했고, 버들고리도 필요하면 언제든 손이 닳도록 만들어 바쳐야 했다. 도살도, 버들고리도 백정을 대체할 만한 인력이 없었기 때문이다. 그러니 백정 입장에서는, 하던 일은 일대로 다 시키면서 거기에 농사일까지 더 하라는 무리한 요구밖에 안 되는 것이다.

그리하여 못 살겠다 튕겨져 나오는 백정들에게 인심은 지극히 야

박했다. 나라에서 땅까지 주어 정착하라는데 도적질만 일삼는다고, 원래 풍속과 핏줄이 추악해서 그렇다고 비난하기에 바빴다. 다음은 《조선왕조실록》의 기록이다.

- "화척이 궁벽한 땅에 모여 살아서 농업을 일삼지 않고 도살을 업으로 삼아 추악한 풍속이 몇 대가 되어도 변하지 않습니다."
- "화척이나 재인들은 농업에는 종사하지 아니하고 활 쏘고 말 타는 것만 일삼습니다. 양민과는 혼인도 하지 아니하고 저희끼리만 떼를 이루어서 모였다 흩어졌다 제멋대로인 데다, 소나 말을 도살하여 양민에게 큰 손해를 끼치옵니다."
- "화척과 재인들이 농사는 짓지 아니하고 서로 모여서 도적질만 하오니, 모두 쓸어 모으소서!"

저 기록들에서 가장 핵심은 "농사를 짓지 않는다"는 것이다. 곧 농업과 같은 항산이 없다는 뜻이다. 그러니 떠돌아다니고 떼로 모여서 도둑질이나 일삼으며 해를 끼친다는 것이다.

항산이 없으면 항심이 없다.

조준의 말은 저주처럼 백정들을 따라다녔다. 농사가 천하의 근본인 나라에서 농사를 짓지 않는 무리들은 다 도적이요, 추악한 습성에 빠진 범죄자였다. 맹자가 말했듯 항산과 항심이 없어 "방자하고 치우치며 사악한", 심지어 사람까지 해치는 흉악한 도적떼에 지나지 않았던 것이다. 그러니 이 도적떼 문제를 하루라도 빨리 해결해야 한다는 논의로 시끄러울 수밖에 없었다.

그렇게 비슷한 논의들이 끊임없이 계속되다가 마침내 이 모든 일들을 해결하고 하나로 묶는 상징과 같은 선언이 나오게 된다. 바로 이들에게 백성의 이름을 하사하자는 것이었다.

이제부터 백정이라 부르고 섞여 살게 하옵소서

세종 5년(1423) 10월, 병조에서 긴 상소문이 하나 올라온다. 이 상소에서 화척과 재인이라 불리며 천대받던 이들은 비로소 '백정'이라는 백성의 이름을 얻는다.

> "재인과 화척은 본디 양인으로, 업이 천하고 칭호가 특수하여 백성들이 다 별종인 사람으로 보고 그와 혼인하기를 부끄러워하니 진실로 불쌍하고 민망합니다. 비옵건대, 칭호를 백정이라 고쳐서 평민과 서로 혼인하고 섞여 살게 하옵소서."
>
> 《조선왕조실록》 세종 5년 10월 8일

앞서 말했듯 고려 시대 백정은 천민이 아니라 평민, 흔한 보통 백성을 일컫는 말이었다. 조선에 들어와서도 뜻은 바뀌지 않았는데 다만 그 말의 쓰임새가 조금씩 스러지고 있었다. 백정보다는 백성이나 양민이라는 말이 더 자주 쓰였고, 농민이나 평민, 편호, 부역인 같은 말이 뜻에 따라 나뉘어 쓰였다. 하지만 여전히 보통 백성이라는 뜻은 변하지 않았기에, 이왕이면 스러져 가는 그 이름을 버리지 말고 새롭게 평민이 되는 화척에게 내주자는 발상을 한 것이다. 말하자면 명칭의 '재활용'이었던 셈이다.

다만 함정이 있었다. 백정의 쓰임새가 완전히 없어지지 않았으니 이들을 고려의 평민 백정과 구분하기 위해서 한동안은 앞에 새로울 신新을 붙여 '신백정'이라 부르자고 한 것이다.

그래서 조선 초기에는 백정과 신백정이 섞여 쓰인다. 그냥 백정이라 하면 고려 때처럼 일반 평민을 뜻하고, 신백정이라 하면 소 잡는 천민을 뜻했다. 그러다 점차 신백정에서 신이 떨어지면서 비로소 지금과 같은 '백정'의 의미로 정착하는 것이다.

그런데 이 대목에서 문득 그런 생각이 든다.

만약 이들을 신백정이라 '새로' 부르지 않고 그냥 그대로 백정이라고 불렀다면 어땠을까. 새로운 '신'백정이 아니라 앞서 고려의 백정을 그대로 잇는 '속續' 백정이 되어 똑같이 그냥 '백정'이라 불렀다면 뭔가 조금은 달라졌을까?

말이라는 것은 묘해서 부르다 보면 익숙해지고, 익숙해지면 어느덧 진실이 되고는 한다. 백정도 마찬가지다. 앞에 신을 붙여 '신백정'이라 부르는 순간, 그렇게 이름에 차이가 나는 순간 결국 "우리와 너희는 다르다" 하는 차별의 기제는 작동하고 마는 것이다. 거기다 신백정 하나로도 모자랐는지 화척이라고 화백정, 재인이라고 재백정이라 부르고, 둘을 합해서 '양색백정兩色白丁'이라고도 했으니 똑같다 하면서도 명칭부터 이미 똑같지 않은 것이다.

결국 그런 과정을 거치며 차별을 없애고자 붙였던 명칭 '백정'이 나중에는 가장 차별하고 멸시하는 집단의 상징이 되어 버렸다. 양민이 되라고 붙인 이름이 도리어 천민의 대명사가 되어 버리는 모순이 일어나고 만 것이다. 말이란 이렇게나 무섭다.

이는 정책에서도 비슷했다. 앞서 병조에서 올린 글을 좀 더 상세하게, 하나씩 번호를 붙여 가며 살펴보자. 이 글에 조선 초기 백정 정책의 거의 모든 것이 다 들어 있기 때문이다.

"재인과 화척은 본디 양인으로 업이 천하고…… 진실로 불쌍하고 민망합니다. 비옵건대,

　1. 칭호를 '백정'이라고 고쳐서,

　2. 평민과 서로 혼인하여 섞여 살게 하며,

　3. 그 호구를 적에 올리고,

　4. 경작하지 않는 밭과 묵은 땅을 나누어 주어서 농사를 본업으로 삼게 하며,

　5. 사냥하는 부역과 버들그릇과 짐승 가죽, 말갈기와 말총, 힘줄과 뿔 같은 공물을 면제하여 그 생활을 안접하게 하고,

　6. 그 가계가 풍족하며 무재가 있는 자는 시위패로 삼고, 그다음은 수성군을 삼으며, 그 가운데에도 무재가 뛰어난 자는 도절제사에게 재능을 시험하게 한 뒤 본조에 통보해 다시 시험을 보게 해 중앙군에 임용하고,

7. 만약 그대로 옛 직업을 가지고서 농사와 양잠에 종사하지 않고 이리저리 떠돌아다니는 자가 있다면 법률에 따라 죄를 논단하고, 호적을 살펴 즉시 본거지로 돌아가게 하며, 그 가운데 사가의 노비로 있는 자는 본주인의 의견을 들어 처리하도록 하소서."
이에 그대로 따랐다. 　　　　　　　　《조선왕조실록》 세종 5년 10월 8일

백정을 백성으로 만들고자 내놓았던 여러 가지 정책들.

첫째, 가장 먼저 내세운 것은 이름 바꾸기다. 천한 이름을 버리고 새롭게 백정이라는 이름을 내려 백성으로 끌어안겠다는 것이다. 둘째, 그렇게 하기 위해서 가장 효과가 큰 정책으로 서로 피를 나누는 '혼인'을 권한다. 셋째, 피를 나눴으니 그 섞임을 호적에 올려 확실히 하고 넷째, 땅을 주어 한곳에 정착시킨다. 그런 뒤 다섯째, 정착을 돕고자 공물을 면제하여 생활을 안정시키고 여섯째, 재주가 있는 자는 군적에 올리며 일곱째, 이를 지키지 않는 자는 벌을 준다는 것이 백정 정책의 큰 뼈대였다.

그놈은 누구였더냐? 🌿

백정을 제민화하는 데 가장 먼저 나온 해법은 혼인이다. 혼인으로 서로를 얽는 것은 아주 오래전부터 써 온 방법이었다. 조선에서도 이미 건국 초기부터 이야기된 것이다.

"화척들이 몇 대가 지나도록 추악한 풍속을 버리지 않는 까닭은 따로 마을을 이루어 저희끼리 혼인하여 살기 때문입니다. 영락 7년(1409)에 평민과 섞여 살며 자기들끼리 혼인하는 것을 금하라 일찍부터 가르쳐 왔건만, 지금껏 덮어 두고 행하지 않고 있습니다. 비옵건대 전에 내린 조항에 따라 그 가호를 호적에 올리고, 나누어 섞여 살며 백성과 더불어 혼인하게 하고, 저희끼리 혼인한 자는 이혼시키어 죄를 물으소서." 《조선왕조실록》 태종 11년 10월 17일

이미 태종 때 아주 구체적인 혼인 정책이 나온 셈이다. 심지어 백정끼리 혼인하면 아예 이혼까지 시키자고 한다. 하지만 이혼이라는 초강수에도 혼인 정책은 잘 되지 않았다. 백성과 백정은 마치 물과 기름처럼 따로 놀았다. 하도 섞이지 않으니 다 쓸어버리고 관리를 못 하는 수령들도 죄를 주자는 상소가 끊이지 않았다. 그래서 좀 더 강압적인 방안이 나오기 시작한다.

"청컨대, 각 도로 하여금 군적에 오르지 않은 재인과 화척을 샅샅이 찾아내어 1) 군적에 등록시키고, 2) 평민들과 섞여 살면서 농업을 익히게 하고, 3) 삼 년마다 한 번씩 출생한 자손들을 찾아내어 호적에 올리어 다른 곳으로 가지 못하게 하며, 4) 만약 출입할 일이 있거든 날짜를 한정하여 행장(行狀, 여행증)을 주게 하소서." 《조선왕조실록》 세종 4년 11월 24일

백정 선언이 나오기 한 해 전의 저 정책은 고스란히 세종 5년(1423) 때도 똑같이 나온다. 혼인 정책뿐 아니라 한곳에 정착시켜 농사짓게 하고 군적과 호적에 등록시키는 것까지 다 같다. 다만 백정들이 함부로 바깥을 왕래하지 못하도록 증명서인 '행장'을 꼭 지니게 하는 강제성이 두드러진다. 이런 조항 때문에 백정은 오래도록 자유를 빼앗긴 채 한곳에 붙박여 살아야 했다.

하지만 지나치게 억압만 하는 것도 좋지 않다 여겼는지 채찍에 더해 당근도 함께 준다.

병조에서 아뢰었다.
"신백정들을 이미 평민의 예를 따라 시위패에 붙이는 것을 허락했사오니, 청컨대 다른 시위패의 경우와 마찬가지로 **갑사**에도 아울러 뽑아 쓰게 하소서."
이에 그대로 따랐다.   《조선왕조실록》 세종 10년 9월 25일

갑사는 중앙 조직인 오위에 속한 군사이다. 특히 "부유한 양반 자제들 가운데에서 용모가 준수하고 무예에 뛰어난" 사람들을 뽑아 서울과 중부 지방의 수비를 맡겼던 의흥위에 속한 군사를 가리킨다. 백정이라도 무예가 뛰어나면 능히 무관 시험도 치르고 좋은 벼슬에도 오를 수 있음을 강조한 것이다.

거기에 더해 예조에서는 백정의 자식들도 향학에 나갈 수 있게 해 달라고 청한다.

예조에서 아뢰었다.

"신백정들은 이미 평민들과 섞여 살고 서로 혼인하게 되어 군역을 맡기로 하였사오니, 그들의 자제들 가운데 독서를 원하는 자가 있다면 **향학**에 나가게 하옵소서."

이에 그대로 따랐다.　　　　　　　　　　　《조선왕조실록》 세종 14년 10월 12일

　백정의 자식도 글을 읽을 수 있고, 더 나아가 향학에서 공부할 수 있게 하자는 의견은 백정에게 평민의 권리를 고스란히 갖게 하자는 말과 같았다. 백정을 의무와 권리를 골고루 갖춘 백성으로 제민화하겠다는 뜻은 그만큼 확고했다.

　하지만 이 모든 논의들은 뜻은 좋았으나 뜻대로 되지는 않았다. 이상만 드높았을 뿐 현실은 완전히 달랐다. 극히 일부를 빼고는 백정들에게 씌워진 굴레는 조금도 벗겨지지 않았다. 백정은 여전히 "불쌍하고 민망한" 비아류 별종에 지나지 않았던 것이다.

　이런 분위기는 당시 글에서도 나타난다. 조선 전기의 문신 서거정이 쓴《태평한화골계전》에는 상식을 몰라도 너무 모르는, 아니, 그야말로 무식하기 짝이 없는 백정이 나온다.

　제목은 '그놈은 누구였더냐?'이다.

　어떤 양수척이 있었는데, 아버지는 범띠고 아들은 쥐띠였다.

　하루는 아들이 아버지의 윗자리에 앉았다. 아버지가 노해서 크게 나무라자 아들이 웃으며 말했다.

"아이고, 나이순에 따라 앉았을 뿐인데 어찌 따지시우?"

"이놈! 아비보다 나이 많은 아들이 어디 있단 말이냐?"

아버지가 발끈해 말하자 아들이 대답했다.

"내가 아버지보다 세 살이나 더 많수."

아버지가 더욱 노하는데 아들이 이렇게 말했다.

"육갑을 헤아려 보시우. 그러면 자연히 알게 되실 거요."

아버지가 황급히 손가락을 꼽아 가면서 육갑을 헤아려 보니 과연 자(子, 쥐띠)부터 인(寅, 범띠)까지 손가락이 세 개나 더 굽혀지는 것이었다. 아버지가 놀라 말했다.

"네가 정말 나보다 세 살이나 많구나. 하지만 네 어미가 널 낳을 때 내가 분명 촛불을 잡고 아이를 비추었는데, 그럼 과연 그놈은 누구였던고?"

서거정, 《태평한화골계전》 권2

그놈이 누구기는, "네 아들이다!" 하는 소리가 절로 나온다. 띠도 모르고 나대는 아들이나, 맞다고 주억대는 아비나 그놈이 다 그놈이다. 그야말로 불학무식 천것이라고 백정을 놀려 먹는 얘기인 것이다. 그나마 이렇게 놀리는 것에서 그쳐 주면 다행이었다.

하지만 백정을 바라보는 시선은 점점 더 나빠지고 더욱더 가혹해졌다. 나중에는 놀리는 것을 넘어 목숨을 두고 함부로 장난을 칠 만큼 가볍고 하찮게 여겨졌다. 백정 정책은 제민화 정책이 아니라 마치 천민화 정책인 것만 같았다.

강음현 남녀도적떼, 원적동 횃불 도적떼

조선 초를 대표하는 백정으로 왜 도적떼를 꼽았냐고 묻는다면 당시 백정의 위치가 그랬기 때문이다. 이즈음 가장 보편적인 백정의 모습이 바로 '도적'이었다.

나라가 앞장서 제민화 정책을 펼쳤지만 통제에 가까운 통합은 별 소용이 없었다. 오히려 따르지 못한 백정들이 계속 튕겨 나갔다. 그렇게 튕겨 나간 백정들은 이리저리 떠돌다가 추위와 굶주림이 닥치면 다시 짐승을 잡거나 떼로 모여 도적질을 했다. 악순환이었다.

백정을 바라보는 시선 또한 더욱 나빠져 갔다. 평민들과 섞여 살기는커녕 아예 담을 쌓고 돌이나 던지지 않으면 다행이었다. 백정 정책이 발표된 지 이십여 년이 지나도록 백정은 여전히 흉악한 도적이라는 생각이 사람들 사이에 팽배했다.

"지금 신백정이 평민들과 더불어 섞여 산다 하나, 실제로는 자기들끼리 당을 만들어 도적이 되었습니다. 소와 말을 잡는 이익에 귀가 젖고 눈이 익어서 도살을 그저 흔한 일로 여기는 데다, 서로 꺼리고 싫어하여 틈이 생겨서 남의 집에 고의로 불을 지르기도 하옵니다. 장차 막기 어려운 근심이 되지 않을까 염려됩니다."

《조선왕조실록》 세종 28년 10월 28일

세종에 이어 문종 대에 이르면 강도와 살인자 가운데 절반이 다 신백정이라는 하소연이 터져 나온다.

"각 도의 죄수 무리 가운데 강도와 살인을 한 자가 380여 명이나 되는데, 재인과 신백정이 절반을 차지합니다. 도내에 붙어사는 곳을 수색하고 체포해서 엄하게 다스리기는 하지만, 형벌이 엄하지 않으면 어떻게 그들을 막을 수 있겠습니까? 육형肉刑은 삼대에서도 쓰던 바이니 청컨대 도둑에게 월족刖足을 시행하소서."

《조선왕조실록》 문종 1년 10월 17일

죄수 취급도 취급이지만 그 뒤에 형벌도 가혹하다.

'육형'이란 코를 베거나, 귀를 자르거나, 목을 베거나 하는 것처럼 육체에 가하는 형벌을 뜻한다. 아예 거세를 하는 궁형, 피부에 먹을 새기는 묵형도 다 이에 든다. 그중에서 월족은 발꿈치를 자르는 형벌이다. 사냥에 익숙하고 몸으로 사는 백정에게 더는 걷지 못하는 형벌을 내리자는 것이다.

그 뒤에도 아예 죄짓는 사람 열에 아홉은 다 백정이라는 증언이 줄줄이 뒤를 잇는다. 이때 《조선왕조실록》을 살펴보면 강도나 절도 같은 범죄에서 백정 비율이 "거의 다率皆, 대개大率, 오로지專, 모두皆, 다悉" 같은 말로 표현되어 있다. 범죄자 대부분이 다 백정이라는 소리다.

- 지금 도둑질을 하는 자는 모두 사나운 무리를 거느렸는데 그중 재인과 백정이 열에 여덟아홉을 차지한다.
- 재인, 백정들은 거의 모두가 도적이다.
- 지금 크고 작은 도적으로 체포된 자의 태반이 모두 백정이다.
- 도둑질과 강도질은 거의 재인과 백정들이 하는 짓이다.
- 지금 도적이 일어나서 나라 안팎이 다 시끄러운데 모두 재인, 백정의 무리들이다.

그것이 대다수 백성들의 생각이었다. 아예 떼를 이뤄 강도질을 하는 경우도 자주 나타난다. 세종 10년(1428) 여름, 황해도에 나타난 두 도적떼 이야기가 그런 모습을 잘 보여 준다. 바로 강음현 남녀 도적떼와 원적동 횃불 도적떼이다.

황해도 감사가 아뢰었다.
"강음현 천신사의 탑고개에 신백정이 20명 남짓 있는데 말을 타고 불을 지르며 도둑질을 하옵니다. 이에 고을 수령이 군사를 거느리고 추적하여 잡으러 가서 적들과 만났는데, 남녀 10인이 다 활과 화살을 차고 있었으며 전력을 다해 활을 쏘며 항거하였습니다. 도적 남자 1인을 쏘아 죽이고 또 남녀 7인을 사로잡고 보니, 그중 한 여자는 남자 옷차림을 하고 있었습니다. 남자 2인은 개성 왕흥산 쪽으로 도망쳐 따라갔으나 잡지 못하였습니다."

《조선왕조실록》 세종 10년 윤4월 3일

강음현에 나타난 도적떼 소탕에 고을 수령까지 나섰지만 끝내 다 잡지는 못했다는 보고이다. 그들이 말을 타고 "전력을 다해 활을 쏘며 항거"했기 때문이다. 도둑인데도 정예 병사들에게 굴하지 않는 흉포함과 용맹함이 느껴진다.

이 도적떼의 독특한 점은 남녀가 함께 있다는 것이다. 그것도 한 여자는 아예 '남자' 옷차림을 하고 있다. 흔한 조선 여인의 모습이 아니다. 말을 타려고 거추장스러운 치마를 벗고 편한 바지 차림을 한 것이니, 차림새부터 오래전 유목민의 습성을 그대로 지니고 있음을 알 수 있다.

저항으로는 원적동 패거리도 못지않다.

"또한 평산의 원적동 산봉우리에도 말 탄 도적 8인이 있는데 다 활과 화살을 차고 있습니다. 이들은 한쪽이 횃불 한 개를 들면 배천의 호국산 동쪽 봉우리에서 또 횃불 한 개를 들어 서로 호응하옵니다. 도적들을 만날 때마다 추격해 보면 다 개성을 향하여 달아나는데, 이는 반드시 개성에 사는 백정과 재인들일 것입니다."

원적동 도적떼 또한 말을 타고 활과 화살로 무장하고 있다. 거기에 마치 봉화를 올리듯 이쪽저쪽 봉우리에서 횃불을 올려 신호를 주고받는다. 그렇게 자유자재로 신호를 보내 관군의 추격까지 너끈히 따돌리고는 개성으로 달아나 버리는 것이다.

그리고 이 시대 백정으로 이들을 뽑은 까닭도 여기에 있다. 그렇게 도망간 도적을 추적하면 "이는 반드시 개성에 사는 백정과 재인들"일 것이라 말하는 대목. 개성에 사는 이들이 한둘이 아닐 텐데 그중에 꼭 집어 반드시 백정과 재인이 범인이라 단정하고 있지 않는가. 그야말로 절대 바뀌지 않을 의심, 아니, 확신이다.

대체 이런 확고한 생각은 어디서부터 싹텄을까? 언제부터 도적은 모두 백정이라는 생각이 당연한 사실이 되었을까?

세종 때 올라온 전前 동지돈녕부사 조뇌의 상소에서 그 답을 찾을 수 있겠다. 일흔이 넘은 노대신은 임금의 성덕을 입어 잘 살고 있다는 찬사를 바친 뒤 다만 요즈음 "도적떼 때문에 고생"이라는 말을 덧붙인다. 그리고 그 도적떼를 꼭 집어 백정이라 이른다.

> "대개 백정 무리들은 본디 땅과 집이 없어서 농사와 양잠을 일삼지 않고 항상 구걸로 생활을 이어 갑니다. 이에 헐벗고 추위에 떨며 굶주림이 절박해 작게는 담 구멍을 뚫어 밤에 도둑질하고, 크게는 사람을 죽이고 집에 불을 질러서 못 하는 짓이 없습니다."
>
> 《조선왕조실록》 세종 30년 4월 9일

결국 또 '농사'를 짓지 않아서 도둑질도 하고 사람도 죽이는 흉학한 도적이 되었다는 말이다. 그렇다면 이제껏 세종이 열심히 펼쳤던 제민화 정책은 아무 소용도 없었다는 뜻일까? 대답이라도 하듯 노대신이 말한다.

"갑진년에 전하께서 신백정이라 고쳐 이름을 내리고, 땅을 주고 군적에 넣어 평민과 혼인도 하며 생업을 편안히 하라 하였사오나! 입법한 뒤로 평민이 백정과 혼인하고, 백정이 평민에게 시집가서 밭일을 하고 농사에 힘쓴다는 말은 듣지도 못하였습니다."

임금의 노력에도 백정이 평민과 혼인하거나 평범하게 농사짓는 다는 얘기는 듣도 보도 못했다는 말이다.

왜?

실록에서는 꾸준히 백정들이 적응하지 못해서, 습속을 버리지 못 해서, 타고나기를 추악하게 태어나서 같은 이유를 든다. 요컨대 '백 정들'의 문제라는 것이다. 하지만 이 모든 일이 어찌 백정만의 문제 일까. 노대신은 그 까닭을 이렇게 헤아린다.

"대개 평민들은 종류가 다른 것을 싫어하여 혼인하려 하지 않고, 수령들도 별거 아닌 일로 여겨 땅과 집을 주지 않으니, 저들이 비 록 도둑질을 하지 않으려 해도 어찌 아니할 수 있겠습니까? 그러 니 서울과 지방에서 생기는 강도나 절도는 다 이 무리가 저지른 짓 이 반이 넘사옵니다."

평민은 평민대로 백정을 싫어해 혼인하려 하지 않고, 관리는 관 리대로 제대로 의무를 다하지 않았다는 것이다. 농지 개간으로 살 곳조차 잃었는데 정작 준다는 땅과 집은 관리들이 몰라라 하고, 평민들은 여전히 역병 보듯 꺼리며 싫어하니 그야말로 백정에게 갈 곳이 없었으리라 본 것이다.

따라서 그것은 백정들보다는 그들을 대하는 사람들, 곧 일반 백성과 관리들의 문제였다. 백정이 아니라 백정 '밖' 사람들의 문제였던 것이다. 자기들이 밖으로 내쳐 놓고는 왜 안으로 들어오지 않느냐 타박하는 꼴이었다. 그러니 "비록 도둑질을 하지 않으려 해도 어찌 아니할 수 있겠"는가.

결국 이런 악순환이 계속되고 오래되면서 "백정은 다 도적놈"이라는 고정 관념은 더욱 굳어질 수밖에 없었다. 그리고 일단 그렇게 굳고 나면 그것을 깨뜨리기란 결코 쉽지 않다.

이는 살곶이 목장의 예를 보면 더 두드러진다.

살곶이 목장, 내쫓기거나 흩어지거나

살곶이 목장은 왕실 소속 목장이다. 그만큼 기르는 짐승들도 실하다 보니 툭하면 도둑이 들었다. 이에 관리자들에게서 앓는 소리가 나온다.

"살곶이 목장에 도둑이 들었습니다!
본궁의 소 세 마리와 개인 말 한 필을 훔치다가 죽었지요. 이에 목장 관리로 하여금 양리마(養理馬, 말을 기르는 담당자)들을 인솔하고 밤마다 목장 안을 돌도록 해 잡인을 검찰하고 있으나, 마소 도둑을 붙잡기가 참으로 쉽지 않사옵니다. 혹은 3일 만에, 혹은 5일이나 10일 만에 나타나 도둑질하는 시기도 일정하지 않으니 여러 인원을 더 보내 주옵소서." **《조선왕조실록》 세종 16년 4월 24일**

그리고 외부 순찰과 내부 단속도 강화해야 한다면서 이런 제안을 덧붙인다.

"목장 안에 농민들 말고 일이 없는 잡인은 함부로 목장을 돌아다니지 못하게 금하시고, 목장 밖 가까운 곳에 흩어져 사는 신백정은 모두 오륙십 리 밖으로 내쫓으소서."

도둑 때문에 잡인을 금하는 것은 이해하겠는데 왜 느닷없이 신백정들까지 다 내쫓으라고 할까. 이는 명백히 도둑이 그 누구도 아닌 바로 목장 밖에 사는 신백정이라 지목하는 것과 같다. 앞서 똑같은 말을 원적동 도적떼와 개성 백정들도 듣지 않았던가.

그러므로 두 발언의 토대는 같다. 도적은 '반드시' 백정인 것이다. 그리고 그 도적을 예방하는 방법으로 "모두 밖으로" 내쫓으라 한다. 죄를 지은 도적만 잡는 것이 아니라, 도적으로 의심되는 신백정 모두를 멀리 내쫓으라는 것이다. 잘 살다가 갑자기 쫓겨나는 무고한 다른 백정을 향한 배려라고는 눈곱만큼도 없다.

이 가차 없는 처분은 원적동 횃불 도적떼에게도 똑같이 적용되었다.

"도적의 무리가 활을 쏘며 항거하기 때문에 생포하기가 어렵습니다. 청컨대 항거하는 자가 있으면 모두 쏘아서 포획하게 하소서. 또 개성에 사는 신백정과 재인들은 전례에 따라 평민들과 섞여 살게 해 그 무리를 모두 흩어지게 하소서." 《조선왕조실록》 세종 10년 윤4월 3일

생포가 어려우니 항거하는 자는 모두 짐승처럼 "쏘아서 포획"하자고 한다. 더 나아가 도적들만 잡는 것으로는 모자라니 이참에 개성에 사는 신백정과 재인들을 "모두 흩어지게" 하라고 한다.

목장 밖으로 멀리 내쫓거나, 낱낱이 모두 흩어놓거나.

그렇게 백정의 비극이 시작된다. 무슨 일이 생기면 가장 먼저 백정이 의심받고, 범죄가 일어나면 무조건 다 백정이 범인이 된다. 그들이 했든 안 했든 진실은 중요하지 않았다. 이미 백정은 열에 아홉이 다 도적이라고 믿고 있으니, 무조건 "범죄는 다 백정 짓"이라는 공식이 굳게 성립돼 버린 것이다.

그렇게 굳어 버린 틀을 지우는 것은 결코 쉽지 않다. 낙인은 오래, 그리고 변치 않기 때문에 낙인이다. 그래서 더 무서운 것이다.

삼대가 조용하면 백정이라 부르지도 마소서

세조 때 있었던 두 가지 사건에서 그 낙인이 결코 지워지지 않고 더 깊어졌음을 알 수 있다. 첫 번째는 '개새끼' 사건이다.

세조 말년, 임금이 베푼 술자리에서 서로 이야기를 나누던 관리들끼리 시비가 붙는다. 처음에는 그래도 선비라고 점잖게 싸우는 척하다가 나중에는 거칠게 욕설이 오가는데 그때 나오는 욕이 요즘 말로 치면 '개새끼', 그때 쓰던 말로는 '백정 새끼'다.

안효례가 최호원과 더불어 각각 옳고 그름을 고집하여 서로 논란하였는데, 최호원이 안효례에게 말하였다.
"너는 백정의 손자다(너는 개새끼다)!"
이에 안효례도 말하였다.
"나더러 백정의 손자라 하면 너는 곧 내 아들이다(너는 개새끼의 새끼다)!"
말하는 바가 모두 이와 같았으며, 성난 목소리로 서로 욕하면서도 두렵거나 꺼리는 바가 없었다. 《조선왕조실록》 세조 14년 8월 14일

배웠다는 선비들끼리 임금 앞에서 못 하는 소리가 없다.

그로부터 10대 뒤인 효종 때에는 백정이라는 말이 아예 흉하고 악독한 것의 대명사처럼 쓰이기도 한다. 효종이 김자점 역모 사건을 언급하면서 "역적의 괴수 김자점은 본디부터 성품이 악독하니 백정이나 거간꾼과 같은 자다" 하고 말하는 것이다. 그만큼 백정을 바라보는 시선이 한층 더 나빠졌다는 뜻이겠다.

그래서 두 번째, 임금의 책문이 나온다.

백정 문제가 어찌나 심각했는지 세조가 치세 마지막 해에 백정

문제를 해결하라며 책문의 주제로 꺼내 드는 것이다.

임금께서 책문에 이르셨다.
"도적의 근원은 모두 빈궁한 데서 일어난다고 한다. 허나 지금 도
적질을 하는 자는 모두 사나운 무리를 거느려 그중 재인과 백정이
열에 여덟아홉이나 되니, 비록 평민과 섞여 살더라도 오히려 교화
가 따르지 못하였다. 수백 년 이래 스스로 한 풍속을 이루어 뿌리
를 다 없앨 수가 없으니, 없애지 않으면 도적이 끊이지 않는데 장
차 무슨 방법으로 처리해야 하겠느냐? ……상세히 고하고 숨김
없이 답하라." 《조선왕조실록》 세조 14년 4월 2일

그리고 조선 초기의 백정 정책은 이 세조가 백정의 모든 것을 "엄
히 금하는" 정책을 펼치며 일차 마무리가 된다.

"빌건대 백정들은 이제부터는 1) 따로 1호도 짓지 못하게 하고,
2) 모두 갑사, 시위, 진군의 봉족奉足을 삼아 일일이 끼어 살게 하
며, 3) 다른 군으로 왕래하는 것을 금하고, 4) 그 홀로 산골짜기에
살면서 혹 자기들끼리 혼인하거나 혹 도살을 행하며, 혹 도적질을
행하거나 혹은 악기를 타며 구걸하는 자들은 경외에서 엄히 금해
야 하옵니다." 《조선왕조실록》 세조 2년 3월 28일

따로 1호도 못 살게 하고, 다른 군으로 왕래를 금하는 것으로도

모자라 일일이 감시하는 체제까지 만들어졌다. "봉족을 삼아 일일이 끼어 살게" 하는 것, 이른바 '협거挾居'이다.

봉족은 조선 시대에 부역을 나간 사람을 대신해 집안일을 돕던 보조 인력을 말한다. 이때 부역이란 위에 나오듯 '갑사, 시위, 진군'처럼 거의 정규 군사 일을 뜻했다. 곧 백정을 군역을 돕는 도우미로 삼아 군사들과 짝지어 일일이 끼어 살게 하겠다는, 아니, 군사들 틈에 일일이 끼워서 감시하겠다는 뜻이다.

마지막 조항도 숨이 막힌다.

백정은 홀로 살아서도, 자기들끼리 혼인해서도, 짐승을 잡아먹거나 악기를 타지도 못하게 하란다. 도적질만 빼고 보면 백정은 잘하거나 좋아하는 일은 그 무엇도 하지 말라는 뜻과 같다. 심지어 악기를 타고 즐거워하는 그들의 본디 습성마저 '구걸하는' 짓으로 못 박아 엄히 금했다. 그렇게 손발 다 잘라 놓고는 남는 것은 협거, 군역이라는 굴레에 촘촘히 얽어매는 감시 체제뿐이었다.

다만 딱 하나, 마지막으로 던지듯 혜택을 베풀어 준다.

"이 모든 것을 삼대를 이어 범하지 않는 자는 다시는 백정이라 부르지 말고, 일반 백성과 똑같이 호적에 올리소서. 그러면 저들 또한 스스로 농사의 즐거움을 알게 되어 도적이 점점 그칠 것입니다."

손발 묶인 채 삼대를 조용히 살면 그때야 비로소 일반 백성과 똑같이 취급해 주겠다는 것이다. 아예 백정이라고도 부르지 않겠다는 파격까지 베푼다. 하지만 결국 그 말은 평민 이름을 붙였어도 여전히 그들이 평민과 다르다는 것을 증명하는 것과 같았다. 신백정은 '새로운' 백성이 아니라 여전히 천한 백'정'이었던 것이다.

제민화 정책의 두 얼굴.

통합이라 말하지만 실제로는 통제에 가까웠던 정책.

결국 그 정책의 실패는 고스란히 백정이 안았다. 통합되지 못한 채 통제만 받았고, 끌어안는다 하였으나 끝내는 버림받고 가혹하게 내쳐졌다. 강음현 도적떼와 원적동 도적떼는 그 처참한 맨얼굴을 고스란히 보여 준다.

그리고 마지막으로 던져 준 은총이 고작 "삼대가 조용히 있으면 백정이라고도 부르지 마소서"였다. 어쩌면 그 말이야말로 백정이란 영원히 이름조차 부르지도 말아야 할, 가장 밑바닥 천민임을 새삼 확인하는 말이 아니었을까. 하지만 삼대가 아니라 삼십 대가 지나도 백정은 여전히 백정일 뿐, 끝내 백성이 되지 못했다.

버림받은 백정 무리는 이제 어디로 가야 할까? 그들이 가야 할 곳이 과연 있기는 한 것일까? ◉

소 잡은 죄는 유배요,
백정인 죄는 사형이라

매읍산이란 결국 힘없는 천민의 이름이다. 그리고 그 천민은 천민이어서, 아니, 백정이어서 죽는다. 그것도 왜 죽었는지 정확히 알 수 없는 이상하고 의심스러운 사건 '의안'으로 죽는다. 멀쩡히 길을 가다 생전 처음 보는 사람에게 매를 맞아 죽기 때문이다.

왕조가 바뀌고 왕들도 몇 대가 이어지면서 나라는 점차 안정을 찾았다. 하지만 나라의 안정과 번영이 밑바닥 양민들 삶까지 윤택하게 만드는 것은 아니었다. 백정 또한 마찬가지였으니, 달라진 점이 있다면 이름이 생겼다는 것뿐이었다.

"이제부터 너희를 백정이라 부르니 더는 떠돌지 말고, 더는 피 묻히지 말고, 평범하게 혼인하여 평범하게 농사짓고 평범하게 세금 내며 이 나라 백성으로 살아라."

하늘 같은 임금이 지엄한 명령을 내렸지만, 그때뿐이었다. 백정을 바라보는 시선은 여전했고 백정의 처지 또한 조금도 달라지지 않았다. 살곶이 목장 때와 같은 일은 되풀이되어 나타났다. 오죽하면 이런 말까지 공공연히 나돌았을까.

"말도둑 잡고 보니 재백정이고, 강도 잡아 보니 화백정이더라."

결국 말도둑이고 소도둑이고 잡아 보면 다 백정이라는 얘기다.

물론 제민화 정책에 따라 일반 양민처럼 사는 백정도 있었다. 땅을 받아 농사를 짓고, 평민과 혼인해 호적을 얻거나 낮지만 관직에 오르기도 했다. 하지만 대부분 백정들은 여전히 제민, 이른바 "권리와 의무를 함께 누리는" 보통 백성의 모습과는 거리가 멀었다. 여전히 떠돌며 정착을 못 했고, 어쩌다 하더라도 엄격한 통제를 받거나 부당한 차별에 시달렸다. 그들은 여전히 별종의 이방인, 사람들에게 손가락질 당하는 버림받은 무리였던 것이다.

하지만 왕조 중간에 세종만큼이나 백정 정책에 관심을 가진 임금이 나타난다. 바로 제9대 임금 성종이다.

이래도 백성 안 하고 백정 할 거야?

성종은 세종만큼이나 백정의 처우와 포용에 관심을 둔 왕이었다. 백정이란 말을 실록에서 찾아보면 성종 때 무려 150건이 넘어서 오히려 세종 때보다도 더 많다. 백정의 도적질로 문제가 차고 넘칠 때도 성종은 이렇게 백정 편을 들었다.

"그들 또한 내 적자(赤子, 백성)이다. 얼마나 추위와 굶주림에 시달렸으면 그랬겠느냐?"

임금이 도둑인 백정을 내 아이, 내 백성이라 불렀다. 그만큼 마음을 쓰고 있다는 뜻이다. 하지만 대신들 생각은 달랐다.

"한번 도적은 영원히 다시는 양민으로 돌아가지 못하옵니다. 마땅히 중한 법으로 다스리소서!"

한번 도적은 끝까지 도적이니 처벌 말고는 답이 없다는 것이다. 두 번 다시 생각할 것도 없다는 단호한 배척이다. 백정에게 씌운 굴레는 확고하고도 무거웠다.

하지만 성종은 자신의 뜻을 굽히지 않았다. 끊임없이 백정을 백성으로 껴안는 정책을 만들고 실천하려 애썼다. 그런데 통치자 입장에서는 자비와 배려지만 정작 수혜자인 백정 입장에서는 차근차근 숨을 옥죄이는 족쇄에 가까웠다는 것이 문제였다.

이 차이를 찬찬히 살필 필요가 있다. 성종 1년(1470) 기록이다.

임금께서 이르셨다.
"재인과 백정이 **둔취**屯聚하면 도둑질할 마음이 저절로 생겨서 해가 평민에게 미치게 된다. 윗대에서 이미 평민과 더불어 섞여 살게 하였으니, 마땅히 마음을 다하여 **추쇄**推刷해서 둔취하지 못하게 하라."

《조선왕조실록》 성종 1년 2월 8일

둔취와 추쇄는 백정 이야기를 할 때 자주 나오는 말이니 기억해 두자. 먼저 둔취란 "한곳에 모여 산다"는 뜻이다.

그런데 이상하다. 이제껏 떠돌지 말고 한곳에 정착하라고 그렇게 등 떠밀더니 왜 갑자기 모여 살지 말라는 걸까? 저기서 생략된 말은 '자기들끼리'다. 곧 백정들끼리 한곳에 모여 살지 말라는 뜻이다. 그러니 '백정끼리' 모여 사는 둔취는 안 되고, 평민들과 '섞여 사는'

둔취만 가능하다는 것이다. 그렇게 낱낱이 찢어져서 섞여 사는 것, 그것이 백정이 평민의 이름을 받은 대가였다.

만약 섞여 살기가 힘들어서 도망친다면? 곧바로 '추쇄'가 따를 것이다. 추쇄란 "도망친 노비나 부역을 기피한 사람을 붙잡아 본주인이나 본고장으로 돌려보내는 일"을 말한다.

그런데 백정에게는 본디 땅이 없다. 누누이 항산이 없다고 비난받지 않았던가. 그런데 왜 갑자기 본고장 같은 말이 나올까?

여기서 본고장은 백정이 본래 살던 곳이 아니다. 그보다는 제민화 정책에 따라 억지로 농사지으라고 떠밀린 땅을 가리킨다. 살던 곳에서 쫓겨나 백정끼리 함께 살지도 못한 채, 뿔뿔이 흩어져 농사짓고 부역까지 짊어져야 하는, 낯설고 척박한 개간지일 뿐이다. 백정으로서야 당장 옛날처럼 자유롭게 훨훨 떠나고 싶었으리라. 하지만 그 마음은 조금도 존중받지 못했다.

"마땅히 마음을 다하여 추쇄해서 둔취하지 못하게 하라."

임금의 명령은 지엄하고 가혹했다. 결국 저 한 줄에서 백정의 권리나 정서는 깡그리 무시한 채 통치자 마음대로 백정에게 이롭다 규정하여 만든 정책임이 여지없이 드러나는 것이다.

그리고 추쇄하여 둔취시켰으니 마땅히 해야 할 다음 순서가 있다. 이듬해 성종 2년(1471)의 기록이다.

"지금 재인과 백정들을 다 추쇄하여, 민가의 많고 적음을 따져 서울의 여러 부나 지방의 여러 읍에 적당히 붙여 각 방이나 각 촌에 나눠 주소서. 그리고 명백히 호적에 기록하되 1벌은 각 부나 본고을에 두고, 1벌은 한성부나 감사에 두고, 1벌은 형조에 두어 매년 봄가을에 백정들의 출생, 도망, 사망을 조사하여 아뢰게 하소서."

《조선왕조실록》 성종 2년 2월 18일

추쇄하여 둔취시켰으니 이제 그것을 호적 문서로 묶어 놓는다.

이때 호적은 한 곳에만 두어서는 안심이 안 되니 3벌을 만들어 나눠 둔다. 첫째는 본디 사는 고을, 둘째는 한성부나 감사, 마지막으로는 형벌을 다루는 형조다. 말하자면 사는 고을뿐 아니라 더 높은 관청인 한성부와 형조에서도 백정을 감시하겠다는 뜻이다.

그것도 매년 봄가을, 1년에 두 번씩이나 하겠다 한다. 이는 식년式年, 곧 3년에 한 번씩 하는 양인들의 호구 조사와는 완전히 다르다. 훨씬 더 엄격한 잣대로 백정을 묶은 것이다.

만약 이 답답한 굴레를 견디지 못해 도망친다면?

"만약 도망치다가 붙잡힌 자가 있으면 '노역과 유배형에서 도망친 사람'의 예에 따라 참형에 처하시고, 호가 끊어지거나 황폐한 논밭은 논밭이 없는 자에게 차례차례 나누어 주소서.

또한 재인, 백정이 거주하는 인근 지역에서 강도질이나 우마를 도둑질하는 사건이 생길 때는 재인과 백정으로 하여금 찾아내어 잡게 하되, 잡는 자는 《대전》에 따라서 상을 주고 사정을 알고도 잡지 아니하는 자는 법에 따라 벌을 주소서."

도망치다 잡히면 바로 참형이다. 게다가 그 뒤에 덧붙이는 말도 참혹하다.

"사건이 생기면 재인, 백정이 찾아내 잡게 하라."

곧 백정으로 백정을 잡게 하라는 것이다. 추쇄, 둔취, 호구 조사, 참형에 이어 마침내 "백정이 백정을 잡고" 서로가 서로를 감시하라는 명까지 나온다. 그래서 잡으면 《대전》, 나라 법령집인 《경국대전》에 따라 상을 주고 거부하면 벌을 주겠다는 것이다.

그리고 이런 결정이 군주의 덕에도 도움이 된다고 보았다. 다시 이듬해 성종 3년(1472), 그 덕이 무엇인지 잘 나와 있다.

"요즈음 강도가 횡행하여 관군에 항거하는 자까지 있사온데, 신들이 생각하건대 강도가 되는 자는 다 재인과 백정입니다. 만일 빠짐없이 모두 죽이면 호생지덕好生之德에 방해가 될 것이고, 그렇다고 적절히 처리하지 아니하면 도적이 그치지 않아 양민이 해를 입을 것입니다." 《조선왕조실록》 성종 3년 10월 8일

'호생지덕'이란 사형수도 너그럽게 살려 주는 임금의 덕을 이른다. 따라서 저 주장에서 중요한 것은 호생지덕을 지닌 임금의 위상이다. 백정이 가여워서 죽이지 말자는 것이 아니라 임금의 덕에 "방해가 될까 봐" 모두 죽이지는 말자는 것이다. 애초에 백정을 위하는 마음은 조금도 없다.

게다가 그러고 나니 이번에는 또 양민이 걱정된다. 모두 죽이지

않자니 양민이 해를 입지는 않을까 불안하다. 그러니 임금의 덕을 위해 '모두' 죽이지는 않아도, 양민들의 안전을 위해 '적절히' 처벌은 해야만 한다는 것이다. 그리고 이렇게 임금이 덕과 은혜를 베풀면 백정들도 알아서 넘어오리라고 낙관한다.

"신들이 생각건대 백정이라도 그 사는 고을 호적에 이름을 기록하여 민가에 편입하게 하고, 관청에서 땅과 집을 주고 또 아전으로도 뽑아서 쓰면, 관청에는 사령이 넉넉하고 저들 또한 맡은 일이 즐거워서 두어 세대가 지난 뒤에는 다 양민이 될 것입니다."

《조선왕조실록》 성종 3년 10월 8일

맡은 일이 즐거워서 양민이 되기는커녕 점점 더 괴로움이 넘쳐나서 천민으로 떨어지건만. 그래도 지배층은 이 낙관적인 정책들을 기꺼워하며 정말로 그들이 양민과 같아진다면 구태여 이름에서도 차별하지 말자고 너그럽게 나온다.

성종 6년(1475), 마침내 병조에서 이런 상소가 올라온다.

"앞으로는 재인, 백정이라 부르지도 말게 하옵시고 일반 백성과 섞여 살면서 서로 혼인하게 하소서." 《조선왕조실록》 성종 6년 4월 12일

이는 앞서 세조가 "삼대가 조용하면" 백정이라 부르지 말자 한 것과 같은 맥락이다. 확실히 이름에 붙은 저주를 알고 있는 셈이다.

백정이라고 부르는 순간 따라오는 차별과 편견을, 아예 그 이름을 버림으로써 뿌리부터 없애자는 것이다. 그러면 모든 일이 다 잘되리라 생각했다. 애석하게도 그럴 일이 없겠건만, 애석하게도 권력층은 철석같이 그렇게 믿었다.

벼슬아치는 육아일, 백정은 백정아일

처음에는 나름 성공한 듯 보였다. 십수 년 뒤, 드디어 백정이 일반 백성들과 다를 바 없이 되었다는 이야기가 나온다.

> "옛적에는 재인과 백정이 도성 안에 살지 못했는데 지금은 여염에 흩어져 살고 있어 여느 백성과 차이가 없게 되었습니다. 다만 날마다 소 도살을 일삼아 매우 적당하지 못하니, 반드시 추쇄하여 인보 隣保에게 맡겨야 합니다." 《조선왕조실록》 성종 20년 11월 14일

언뜻 정말로 백정이 여염에 흩어져 평범한 양민이 된 것처럼 보인다. 하지만 정말 일반 백성과 차이가 없었을까? 뒤에 덧붙이는 말을 보면 꼭 그렇지만도 않다. 백정이 소 도살을 일삼는 것이 문제니 반드시 추쇄하여 '인보'에 맡기자고 하지 않는가.

인보는 조선 시대 자치 조직의 하나이다. 호적을 정리하고 풍속을 다스릴 목적으로 민가를 10호, 또는 3~4호씩 묶어서 한 인보로

삼아 만든 조직이다. 그리고 항산이 있고 믿을 만한 사람을 우두머리로 뽑아서 인보 안 사람들을 책임지게 하였다. 마치 군대의 작은 분대처럼 백성들을 조직으로 묶어 연대 책임을 지게 하는 제도인 것이다. 따라서 인보에게 맡긴다는 뜻은 꽤나 빡빡한 이 자치 조직에 백정을 넣어 단속하겠다는 뜻이었다.

거기에 인보로도 모자라 백정에게만 주어지는 또 다른 감시 체제가 있었다. 백정에게는 '백정아일'이라고 백정만 따로 점호하는 날이 있었던 것이다.

"백정들은 단속하여 다스리지 않을 수가 없습니다. 하여 지방에서는 인보에게 맡기어 임의로 드나들지 못하도록 하고, 또한 육아일에는 거기에 있는지 없는지를 반드시 점고하옵니다. 그래서 백정들 또한 스스로 모두 가만있게 된다고 합니다."

《조선왕조실록》 성종 20년 11월 14일

여기서 백정이 "거기에 있는지 없는지" 점고하는 육아일은 흔히 '백정아일'이라 불리는 것이다.

아일衙日은 원래 "임금과 여러 신하가 모여 조회를 하고 정사를 보던 날"을 이른다. 고려 시대에도 있었고, 조선 시대에는 달마다 여섯 번씩 모인다고 육아일이라 하였다. 주로 1일과 6일, 곧 1, 6, 11, 16, 21, 26일이 육아일인데 이를 백정에게도 적용한 것이다. 한 달에 여섯 번이니, 무려 닷새에 한 번씩 점호를 받았다는 얘기다.

심지어 녹을 먹는 관인들조차 여섯 번씩 하는 아일은 버거웠는지 나중에는 네 번 모이는 '사아일'로 줄여 5, 11, 21, 25일에만 조회를 했다. 그런 점호를 녹봉을 받기는커녕 시간과 일에 쫓기는 백정은 한 달에 여섯 번씩 꼬박꼬박 받아야 했던 것이다.

그러니 백정이 이를 통해 "스스로 가만있게" 되었다고 말하는 것도 지나치지 않다. 추쇄, 둔취, 호구 조사, 참형, 상호 감시와 고발까지 시키더니, 이제는 몇 집 건너 하나씩인 자치 조직에 감시당하고 닷새마다 한 번씩 관아의 점호까지 받아야 하는 신세라니, 숨이라도 제대로 쉬었을까 싶다.

그야말로 옴짝달싹하지 못하는 상황.

백정은 그렇게 철저히 관리와 단속의 대상이 되었다. 그렇게 해서 완벽한 양민이 되었다면 또 다행이겠지만 꿈같은 소리였다. 더한 착취와 차별이 백정을 기다리고 있었다.

백정의 삼중고, 고생이 열 배나 되었더라

매월당 김시습의 글 가운데 '농부의 말을 적는다記農夫語'라는 시가 있다. 제목 그대로 한 농부의 이야기인데, 김시습이 서른일곱 나이에 산에서 내려와 서울 성동에서 농사를 짓고 있던 때 쓴 시이다.

시에는 가뭄에, 장마에, 온갖 재해가 겹쳐 먹고살기도 힘든 농부의 처지가 시인의 경험까지 보태져 절절하게 그려져 있다. 그 한탄

도중에 한 구절이 눈에 띈다.

> 사채에 조세에 밤낮으로 시달리는데
> 하물며 백정역은 벗어나기 더욱 힘들다오.
> 내 한 몸에 부역이 삼실처럼 얽혀 있어
> 이리 뺏기고 저리 뜯겨 괴롭기 그지없소.　김시습, 《매월당전집》권15

"하물며 '백정역'은 벗어나기 더욱 힘들다오."

저 한 구절에서 사연 많은 이 농부가 그냥 농부가 아니라 제민화 정책에 따라 백정에서 농부가 된 사람임을 짐작할 수 있다. 그는 본래 지어야 할 농사뿐 아니라 백정역, 곧 백정 기술까지 함께 바쳐야 하는 이중 부역에 시달리고 있었던 것이다.

게다가 아무리 백정이라도 일단 농사를 시작하면 보통 백성들처럼 세금을 내야 했다. 그래서 때로는 사채도 빌려 쓰고 빚도 지게 된다. 그렇다고 백정 일이 줄어들지도 않았으니 세금에, 사채에, 백정역까지 무려 삼중고의 고통에 시달려야 했다.

이는 백정 통합 정책이 지배층의 희망일 뿐 실제로는 전혀 그렇지 못한 현실을 보여 준다. 일찍이 세종은 농사짓는 백정에게는 백정역을 면제하라 했고, 성종 또한 가난한 백정의 세금은 수십 년 동안 거두지 말라 했지만 현실은 정반대였다. 당장 고위 벼슬아치부터 말단 관리들까지 온갖 일에 백정을 부리고 가진 재주를 빼앗았다. 백정을 향한 압박과 수탈은 끝이 없었다.

김시습이 저 시를 쓴 때가 성종 3년(1472)이다. 백정 정책이 한참 진행되고 있을 때인데, 삶이 나아지기는커녕 도리어 삼실처럼 촘촘히 얽힌 천형의 노역이 백정을 짓눌렀다. 그 고통의 극심함은 "고생이 무려 열 배"라는 한마디로 표현된다.

"나라에서 백정은 다른 종자로 여겨 군역을 정하지 않았는데, 그 때문에 도리어 수령들의 부림을 받아서 고생이 무려 열 배나 된다 합니다. 하여 도둑이 되는 사람이 많사옵니다."

《조선왕조실록》 중종 9년 10월 13일

이때 군역을 정하지 않았기에 도리어 부림을 받는다는 대목을 눈여겨보자. 처음에 나라에서는 백정을 호적에 올리면서도 군역을 따로 지우지 않았다. 먼저 정착부터 잘하라고 부역을 빼 주거나, 수령의 재량에 따라 그때그때 조금씩만 하도록 했다. 하지만 이 배려가 백정에게는 오히려 독이 되었다.

백정이 군역을 지지 않아도 된다 싶자, 고약한 수령들이 그 노동력을 나라가 아닌 자기들을 위해 썼던 것이다. 백정은 "잠깐 쉴 시간이나 농사지을 겨를도 없이" 죽도록 수령에게 부림을 당해야 했다. 심지어 "열 식구가 딸린 집이라도" 봐주지 않고 모조리 다 일을 시켰으니, 나라 백성이 되기는커녕 수령들 사노비가 되게 생겼다.

당시《조선왕조실록》에 줄줄이 올라오는 탄핵 상소를 보면 수령들의 행태가 어떠했는지 짐작이 간다.

- "백정을 안착시키라 정한 법령이 있는데도 수령들이 받들어 행하기는커녕 한갓 형식적인 법조문으로만 여깁니다."
- "선대에서 백정을 위해 상세히 법을 세웠건만, 각 고을 수령들은 깊으신 뜻을 본받지 아니하고 하나도 지키지 않사옵니다."
- "삼가《원육전》과《속육전》에 신백정을 처리하는 법이 지극히 자세하게 나와 있는데도, 각 고을 수령들이 예사 글로만 여겨 흐리멍덩하니 제대로 살피지도 않고 있사옵니다."
- "도전제사, 첨절제사, 수령 들이 저마다 군사와 양색백정을 숱하게 징집하여 사냥을 하오니, 청컨대《육전》에 따라 거듭 밝혀서 엄히 금하소서!"

저렇게 끝없이 문제를 제기하는데도 수령들 행태는 달라지지 않았다. 오히려 점점 더 대담해졌다. 거기에 국법이 미치지 않는 지방 유지나 힘 있는 토호, 품관들 또한 함께 백정을 착취하기 시작했다. 결국은 고대의 성스러운 땅 '소도'라도 되는 양, 범접할 수 없는 "그들만의 울타리"를 만들어 착취하는 지경에까지 이른다.

사대부, 그들만의 세상

성종 13년(1482), 임금이 전라도 관찰사에게 이런 글을 내린다.

"토호라는 자가 담과 울타리를 넓게 두르고 사람을 차지해 숨기는
데 재인과 백정, 군사의 봉족, 도망친 노비, 명단에서 누락된 무뢰
배들이 못에 물고기가 모여들듯 한곳에 모여 있으니 민호의 우두
머리나 본주인이 와도 손을 쓰지 못한다 들었다. 심지어 도둑을 잡
는 자가 그 흔적을 찾아서 문에 닿아도 잡을 수가 없으니, 시골에
서 위엄을 떨치면서 악한 짓을 마음대로 거리낌 없이 하는 게 더할
수 없이 심하도다. 이를 엄히 조사하고 적발하여 아뢰라."

《조선왕조실록》 성종 13년 11월 3일

권세가 얼마나 심하면 울타리 안에 사람들을 가두고 부리는데도
손끝 하나 대지 못할까. 중종 때는 백정을 무려 이천 명이나 사사로
이 부리는 양반들까지 나타났다.

"남원에서는 품관들이 강성하여 본디 부내에 있던 재인과 백정들
이천여 명을 모조리 부리고 있사옵니다. 품관 한 명이 30명, 40명
씩 거느려 자기 집 울타리 안에 살도록 하는데도 아전이 독촉하여
내오지 못합니다. 수령이 만약 이를 따져서 찾아오려 하면 찾기는
커녕 거꾸로 반드시 중상을 입는다고 합니다."

《조선왕조실록》 중종 7년 11월 4일

이에 중종은 "품관들의 이런 작폐는 남원뿐만 아니라 하삼도(下
三道, 충청도, 전라도, 경상도)가 다 그러하다 들었다" 하고 답한다. 단순

히 남원뿐 아니라 무려 하삼도 세 곳에 걸쳐서 다 그렇다는 것이다. 중종은 새로 임명한 감사가 이 심각한 폐단을 고치기를 바랐지만 쉽지 않았다. 도리어 횡포는 갈수록 심해지기만 했다.

함안 사는 이계현은 재인과 백정을 수십 명이나 부렸는데, 참다 못해 어떤 이가 사람을 찾으러 가자 앙심을 품고는 "그를 죽여서 강물에 던져" 버렸다. 전 울산군수 황여헌은 거리낌 없이 탐학한 짓을 하며 "재인, 백정들을 숨겨 두고" 마음껏 부려 먹었으며, 이조정랑 윤지형은 부정축재로도 모자라 봇물을 독점해서는 "재인과 백정들을 숱하게 끌어다 번갈아 물고기를 잡아 바치게" 하였다.

전라좌수사 유용은 백정을 무려 200여 명이나 멋대로 부린다. 거기다 백성들까지 어찌나 악독하게 수탈했던지 순천의 아전과 백성들이 모두 견디지 못하고 도망갔다고 한다. 그 때문에 "순천은 본디 큰 곳이나 이제는 쇠잔하여 다 없어지게 되었다" 하니, 얼마나 흉악하게 굴면 좌수사 혼자서 도시 하나를 망하게 할까.

그 밖에도 지방 수령과 품관들의 수탈과 만행은 일일이 열거할 수조차 없을 만큼 많았다. 심지어 인의를 아는 점잖은 선비조차 당연한 일인 듯 백정을 부렸다.

이문건은 조선 명종 때 문신이다. 조광조 문하에서 학문을 배웠고 나중에 기묘사화로 조광조가 화를 입었을 때도 끝까지 상례를 다할 만큼 의가 깊었다. 20년이 넘는 오랜 유배 시절에도 학문에 힘써 나중에 이황이나 이이, 조식 같은 인물들이 다 즐겨 이문건의 시문을 읊었다고 한다. 그런데 이 '배운 선비'도 정작 백정 문제에서는 요즘 말로 치자면 철저한 '갑'이었다.

《묵재일기》는 이문건이 1535년부터 죽기 직전인 1567년까지 쓴 일기이다. 수십 년에 걸쳐 쓴 이 일기에는 그가 을사사화로 경상도 성주에 유배되었을 때 일들이 꼼꼼히 적혀 있어서 당시 사회를 알 수 있는 중요한 자료이다. 이 《묵재일기》에 이문건이 사사로이 백정을 부리는 일이 심심찮게 나온다.

백정들이 짠 버들고리를 공으로 받거나, 채소를 거둬들이기도 하고, 서울을 다녀오거나 소를 바꾸는 개인 심부름에도 백정을 썼다. 땔감과 과일, 약재나 소고기를 받기도 하고, 양잠에 쓸 뽕잎도 받았다. 솜씨 좋은 백정은 꿀과 쌀로 만드는 연약과나 기름에 지진 과자인 '평계' 같은 것도 만들어 바쳤고, 철철이 복분자, 흰 가지, 생배들을 받은 기록도 있다.

심지어는 사환으로 쓰라고 백정을 선물처럼 받기도 한다. 관리들이 백정을 백성으로 보호하기는커녕 사고파는 노비처럼 사사로이 바쳤던 것이다. 그런데도 이문건이 딱히 문제점을 못 느꼈던 것은 당시 백정을 부리는 일이 그만큼 예사롭고 흔했기 때문이다.

게다가 비록 관리들이 잘못하기는 했어도, 결국 이 모든 일들은 그렇게 만든 백정에게 책임이 있다고 보았다. 중종 때 기록이다.

"각 고을의 수령들이 백정과 재인을 다독여 처리하지 않고 도리어 멋대로 해를 끼쳐 백정들이 생업을 잃게 하고 있습니다. 백정 무리는 평민 중에서도 가장 양심이 없는 자입니다. 모여서 도적이 되거

나 떼를 지어 겁탈하고 다니니, 본디 타고난 형세가 그렇기 때문입
니다."

《조선왕조실록》 중종 9년 12월 16일

수령이 제대로 못 해 생업을 잃고 그 때문에 도적떼가 되었다고
하면서도, 결국 백정을 향한 최종 평가는 이것이었다.

"평민 중에서 가장 양심이 없는 자이다."

"백정이 도적이 되는 것은 본디 그렇게 타고나서다."

그러니 수령은 수탈하고 백성은 외면하는 게 당연하다는 것이다.
결국 모든 것은 다 백정 잘못이었다. 빼앗기고 이용당하면서도 도
리어 욕을 먹는 자, 그것이 백정이었다.

하지만, 그렇다고 모두가 백정을 욕하고 적대한 것은 아니었다.
시류에 따라 백정을 핍박하는 자가 있었는가 하면, 숨 막히는 현실
속에서도 백정을 편든 이도 있었다. 이제 만날 두 사람 또한 그렇다.
한 명은 백정의 주인이라 불리며 백정을 마음대로 부렸고, 또 한 명
은 백정의 변호인이라 할 만큼 백정 편에 서 있었다.

백정의 주인 안요경

안요경은 세조 때부터 중종 때까지 활동한 문신이다.

안요경이 역사에 처음 나타나는 때는 세조 10년(1464)으로, 세조
가 원각사에 행차할 때 주변 인가를 철거하는 일을 맡고부터이다.

이때 안요경은 철거 부장으로 "무릇 근방 인가 200여 채를 모조리 철거하였다" 전해질 만큼 유능하고 철저한 수완을 보인다. 그 공으로 세조에게 눈도장을 찍고 성종 때도 용인현감으로 잘나간다.

그러다 성종 10년(1479), 거둥을 온 왕의 행렬을 제대로 안내하지 못해 매를 맞고 파직된다. 하지만 민가 철거로 벼슬을 얻어 현감까지 오른 이가 그냥 있을 리 만무, 몇 년 뒤 안요경은 사복시에 몸을 담는다. 왕궁의 말과 가마를 관리하는 사복시는 하는 일이 더럽고 천하다 하여 뭇사람의 홀대를 받는 곳이었다. 하지만 안요경은 꿋꿋했고, 왕세자 가례 때 말과 가마를 다루는 뛰어난 재주를 선보여 이듬해 종사품 사복시첨정이 된다.

그러다 연산군에 이르러서는 홍주목사를 거쳐 공조참의에 이르는데, 이때 그는 왕의 총애를 받아 영치사領置事를 맡는다. 영치사는 연산군 때만 있던 벼슬로 옥에 갇힌 죄인을 다스리는 일을 했다. 이때 죄인이란 주로 연산군의 눈엣가시가 되어 잡혀 온 사림(士林, 유림) 선비들이었다. 물 만난 물고기처럼 안요경은 죄수들을 괴롭히고 잔인한 짓을 서슴지 않는다. 그러나 결국 곧 이은 중종반정으로 모든 힘을 잃고 쫓겨나고 마는 것이다.

어딘가 파란만장한 삶이다. 민가 철거 부장에, 무능하다 쫓겨난 수령, 유능하지만 천한 사복시 관원, 선비들을 괴롭히는 고위 벼슬아치까지 안요경의 일생은 이상하게 마음을 후비는 구석이 있다. 그 나쁜 행위와는 별개로 악착같이 위로 오르려는 의지, 천하다는 손가락질에 굴하지 않는 꿋꿋함, 죄수에게 떵떵거리는 애잔한 한심

함마저 왠지 눈에 밟힌다. 그의 삶이 어딘가 버림받은 백정을 떠올리게 하는 것도 그 때문이다.

안요경이 껑충 벼슬이 오를 때면 청렴한 관리들은 상소를 올려 그를 깎아내리기에 바빴다. 《성종실록》의 기록이다.

- "안요경은 문과나 무과 출신도 아니고, 또 재능이나 부지런함도 없는데 한 등급이나 올려 제수하는 것은 온당치 못하옵니다!"
- "오직 일한 햇수만 따지고 어짊과 어리석음을 가리지 않는다면, 하급 관리로 머물러 있는 자들이 어찌 죄다 안요경보다 못하겠습니까?"
- "문과, 무과에서 출신해 명부에 오래 올라 있어도 5품. 6품 벼슬을 벗어나지 못한 자가 자못 많은데, 안요경 같은 자에게 무슨 재능이 있고 무슨 부지런함이 있기에 하루아침에 갑자기 높여 옮깁니까?"

저런 반대에도 안요경은 꿋꿋하게 벼슬을 지킨다. 그야말로 질기고 질긴 잡초 같다. 하지만 그를 끝까지 동정하지 못하게 하는 것은 바로 다음의 기록 때문이다. 한가득 이야깃거리를 갖고 있는 안요경이 마침내 역사에 마지막으로 남긴 기록은 이것이다.

"부사정 안요경은 폐조(廢朝, 연산군) 때 영치사가 되어 구류된 사림들을 못 할 짓이 없이 괴롭혔는데, 지금에 와서는 백정을 많이 불러들여 거의 쉬는 날이 없이 소를 잡으므로 사람들은 그를 **백정의 주인**이라 칭하고 있습니다. 청컨대 사림에도 끼우지 마소서."

《조선왕조실록》 중종 13년 4월 8일

드디어 안요경과 백정 사이에 접점이 생겼다.

섬기던 왕이 폐위돼 떨려난 주제에 고기는 대체 무슨 필요가 있어 저리 쉼 없이 잡아 '백정의 주인'이라 불릴까. 저 많은 고기는 또 다 어디로 갔을지, 제례 때에 쓰라고 여기저기 관리들에게 바치며 다시 벼슬을 노리기라도 했던 것일까. 그래 봤자 안요경은 다시는 복권되지 못했고 끝끝내 들었던 마지막 말은 이것이었다.

"청컨대 사림에도 끼우지 마소서."

어쩌면 안요경은 평생을 저 사림이라는 유학자 무리에 끼고 싶었던 것인지도 모른다. 그는 학문과 인의로 사림에 든 것이 아니었다. 남들이 꺼리는 민가 철거, 마소 관리, 고문관으로 간신히 그 자리에 기어올랐을 뿐이다. 그래서 더더욱 떨어지지 않으려고 안간힘을 썼을 것이다.

밑바닥에서 시작해 정점에 올랐지만 끝내 선비들에게 내쳐진 사내. 만약에 안요경이 헛된 명예만 올려다보지 않고 자신처럼 낮은 자, 천한 자, 억압받는 자를 좀 더 따뜻하게 대했더라면 그의 마지막 기록은 달라졌을까?

하지만 삶에서 저지르는 잘못은 언제나 자신의 몫. 그 값 또한 스스로 치를 수밖에 없다. 그리고 안요경과 딱 대치해, 정반대 입장에서 백정의 편이 된 사람이 있다.

백정의 변호인 이자건

이자건은 안요경과 마찬가지로 세조 때부터 중종 때까지 살았던 문신이다. 세조 1년(1455)에 태어나 성종 14년(1483)에 급제해 벼슬에 올랐다. 성균관전적, 사헌부감찰, 예조정랑 들을 지냈는데, 무공에 재능이 있는 데다 중국어가 뛰어나 항상 무관과 외교관 벼슬을 겸하였다.

청렴하고 욕심이 없으며 꼬장꼬장하고 꼿꼿했다. 그래서인지 연산군 재위 초기, 사헌부장령인 그가 사사건건 임금과 부딪치는 장면이 자주 보인다. 연산군 입안의 혀처럼 굴면서 영치사를 맡았던 안요경과는 태생부터 아주 다르다.

연산의 어지러운 정치가 극에 달할 무렵, 어느 날 연회에서 노래하는 기녀를 주제로 시를 지어 바치라는 명령이 떨어진다. 이때 다른 신하들은 모두 임금의 뜻을 따르는데 이자건만 홀로 고개를 저으며 이렇게 말했다.

"신은 딱히 내세울 만한 재주도 없사옵고, 하물며 언관의 지위에 있으면서 기녀를 위해 글을 쓴다면 성덕에 누가 될 것입니다."

임금의 덕에 누가 될까 봐 시를 쓰지 않는다니, 묘한 돌려 까기다. 세련되게 돌려 까는 《국조인물고》의 기록과는 달리 《조선왕조실록》에는 이보다 표현이 좀 더 세서 "대체로 시를 읊는 것은 제왕이 본받을 만한 일이 아닌데, 하물며 창녀의 이름을 두고 시를 쓰라 하시다니요. 만일 이를 사책에 쓴다면 후세가 어떻게 여기겠습니까?" 하고 뻗댔다 전해진다.

이 때문에 이자건은 연산군의 미움을 받아 온갖 고초를 다 겪는다. 매를 맞고 유배되었으며, 거제와 김해로 옮겼다가 다시 의금부에 잡혀가 두 번이나 고신을 당한다. 나중에는 임금이 아예 극형에 처하려 하는데 다행히 주변의 만류로 유배형에 그친다.

이때 유배지의 수령이 그를 박대해 갖은 욕을 다 보였는데, 나중에 이자건이 복권되어 높은 벼슬아치로 다시 만나게 되었다. 하지만 이자건은 수령에게 벌을 주기는커녕 도리어 온화하게 위로하고 타일렀다고 한다. 이에 못된 수령이 눈물을 그치지 못했다 하니, 강직한 만큼 속도 깊었음을 알 수 있다.

이자건이 백정과 접점이 생기는 것도 바로 이 성정 때문이다. 연산군 9년(1503), 사냥을 즐기는 임금이 백성들 고충은 몰라라 하고 제멋대로 사냥을 나가려 하자 이자건이 목숨을 걸고 말린다. 대가 없이 차출된 백정들 고생이 이루 말할 수 없었기 때문이다.

백정을 사냥에 동원하는 것은 왕가와 관의 오래된 관습이었다. 본디 사냥 기술이 뛰어난 족속인 데다 가장 쉽게 동원할 수 있는 천한 집단으로 여겨졌기에 백정의 인력 수탈은 극도로 심했다.

이를테면 태종은 전라도 임실현으로 사냥을 나가면서 경상도와 충청도에서 백정 천 명을, 전라도에서는 이천여 명을 몰이꾼으로 뽑아 보내도록 했다. 강원도에 사냥 갈 때는 무려 오천 명을 뽑아 보내게 했다. 하지만 정작 그에 따른 어떤 대가도, 지원도 없었다. 백정은 생계마저 팽개치고 끌려와 추위와 굶주림을 참으면서 몇 날 며칠 짐승을 몰아야 했다.

이번에도 마찬가지였다. 보다 못해 이자건이 나섰다.

"전하, 듣건대 재인과 백정들이 너무 굶주리고 지쳐서 입던 옷을 팔아 밥을 구해 먹기까지 한다 합니다. 옛 글에 이르기를, '한 지아비라도 잘되지 못하면 이것은 곧 내 죄다' 하고, 더 나아가 '마치 자신이 시궁창에 밀어 넣은 것처럼 생각된다' 하였는데, 하물며 오천여 명이 주리고 추위에 떠는데 어찌 전하의 생각이 거기에 미치지 않을 수 있겠습니까? 사냥을 멈춰 주소서."

《조선왕조실록》 연산군일기 9년 10월 18일

이에 대한 연산군의 대답은 딱 이랬다.

"시끄럽고, 사냥 갈 거야."

이자건이 다시 간곡히 아뢴다.

"처음에 사냥은 순전히 군사를 조련하고 하늘에 날짐승을 바치기 위한 것이라 하셨는데, 지금 이미 세 곳에서 사냥하여 병졸 훈련도 잘되었고 날짐승도 무사히 바치었습니다. 어찌 다시 청계산에서 사냥할 필요가 있겠습니까?"

"시끄럽고, 사냥 간다니까!"

임금이 역정을 터뜨렸지만 이자건은 끈질기게 이튿날 또 간언을 올린다. 두고 보기에는 백정들 고생이 너무 심했기 때문이다.

"전하, 거듭해서 아무리 생각해 보아도 재인과 백정들이 한데서 바람과 이슬을 맞으며 먹고 자니 그 고생을 깊이 생각해 주셔야 하옵니다. 한여름에 비 내리고 한겨울에 추운 것도 백성들은 다 원망하고 탓하는데, 하물며 지금 병사들이야 어찌 원망하고 한탄하지 않겠습니까? 제발 사냥을 거두어 주소서."

연산군은 이렇게 답한다.

"이번 딱 한 번만 사냥하고 풀어 준다는데, 어찌 자꾸 번거롭게 말하느냐? 이미 아차산과 대자산으로 가려던 것도 너희들이 하도 떠들어서 그만두었다. 너희 말대로 재인과 백정들이 한데서 바람과 이슬을 맞으며 고생한다 치자. 하지만 백정들은 집에 있더라도 역시 진상하기 위해 산과 들을 쏘다니며 사냥해야 하니, 집에 있다 한들 어찌 편안히 쉰다 하겠느냐? 한여름에 비 내리고 한겨울에 추운 것도 백성들은 다 원망하고 탓한다지만, 이는 일반 '백성'들을 두고 하는 말이지 한낱 '백정'들을 이르는 것이 아니다. …… 나는 도무지 너희들 말이 이치에 합당한지 모르겠다."

《조선왕조실록》 연산군일기 9년 10월 19일

한여름의 비, 한겨울의 추위, 그 당연한 것조차 몸이 힘들면 원망하기 마련이다. 하물며 불필요한 사냥에 동원되어 춥고 굶주리는 백정들의 원망이야 얼마나 드높을까. 그런데 거기에 대고 연산군은 이렇게 말한 것이다.

"그건 보통 백성들 얘기고, 너희 천한 백정들은 아니야."

연산군에게 백정은 보살펴야 할 백성이 아니라, 집에서도 진상을 위해 고생하는 게 당연한 천한 백'정'이었던 것이다. 그야말로 백정을 사람으로도 보지 않는 "극단의 홀대"다. 한 역사학자는 이를 두고 "조선조 최고의 인도주의적 발언과 역대 주상 중 최고의 극단의 홀대가 맞붙는 현장"이라고 표현했다.

그리고 폭군은 끝내 욕심대로 사냥에 나선다. 그렇게 하루 종일 혼자만 신나서 모두를 짐승 몰이꾼으로 내모니 "여러 신하들이 주리고 지친 기색이 되어 밤이 되어서야 대궐로 돌아왔다"고 실록은 전한다. 임금을 모신 대신들조차 주리고 지쳤다면 그 밑에 몰이꾼으로 내몰린 백정들은 어떤 상태였을까. 바라보는 이자건의 마음이 참으로 참혹했을 터이다.

그리고 꼭 한 달 뒤, 앞서 말한 기녀 시 사건이 터진다. 가뜩이나 백정을 편들다 미운 털이 박힌 이자건은 매를 맞고 유배를 떠나고, 3년 뒤 중종반정으로 복권되는 것이다.

나중에 그가 죽기 두 해 전, 신료들은 이자건을 이렇게 평했다.

"이자건은 사리를 잘 알기 때문에 그가 다스리지 못할 일이 없습니다."

맞는 말이리라. 진정한 다스림은 힘과 권력으로 휘두르는 것이 아니라 연민과 사리로 살펴야 하는 것이니까. 그런 사리야말로 진짜 사리이고, 그것을 끝까지 지킨 이자건이야말로 안요경이 바라던 진짜 사림 선비의 모습이 아니었을까.

백정의 주인 안요경, 백정의 변호인 이자건.

시대에 편승해 백정의 주인이 되어 그들을 부린 자와, 시대에 맞서 백정의 편을 들어 그들을 변호한 자. 두 사람의 마지막은 확실히 갈렸다. 안요경은 그토록 원했던 사림에도 절대 끼우지 말라는 소리를 들으며 내처졌고, 이자건은 숱한 고초를 겪었지만 끝내 복권되어 사람들의 존경과 사랑을 받았다.

백정을 인간으로도 취급하지 않는 폭군 밑에서 한 명은 복종을, 한 명은 거부를 선택했다. 누가 옳은지는 불을 보듯 뻔하다. 그런데도 반듯한 선비로 태어나 평생을 반듯하게 살았던 이자건보다, 거친 태생에 밑바닥부터 꼭대기까지 수시로 넘나들었던 안요경이 더 걸리는 것은 아마도 그 '선택' 때문일 것이다.

삶 자체만 놓고 보자면 이자건보다는 안요경이 훨씬 더 백정에 가깝다. 배운 선비 이자건은 백정의 변호인이 될 수는 있어도 친근한 이웃이나 벗이 되기는 힘들었을 것이다. 오히려 안요경이 더 가능성이 크다. 그랬기에 안요경이 최후에 백정 편에 서는 것을 선택해 백정의 주인이 아니라 백정의 '벗'이 되었더라면 적어도 그 마지막 선택이 의미가 있지 않았을까 싶어 더욱 안타까운 것이다.

어쨌거나 벗이든 주인이든 이들은 결국 백정이 아니었다. 그렇게 될 수도 없었다. 다만 이자건 같은 온정 어린 벗이 있어 그나마 백정의 숨통을 틔웠으리라는 작은 위안이 되어 줄 뿐이다.

소 잡다 유배 가고 길 가다 맞아 죽은 매읍산

매읍산은 이 시기 흔한 이름의 백정이었다.

《조선왕조실록》에는 매읍산이란 이름이 다섯 번 나온다. 하지만 비슷한 이름들은 족히 백 번 가까이 나온다. 백정이나 노비 이름에 이 '매읍'이라는 글자가 많이 들어가기 때문이다.

남자 이름에 많지만 여자에게도 붙인다. 남녀 가리지 않고 천한 이들에게 많이 붙었다. 매읍산뿐만 아니라 매읍동, 매읍금, 매읍방, 매읍장, 매읍도리 들도 있고, 성이 붙어 김매읍동, 이매읍동, 김매읍금, 황매읍동, 장매읍동 같은 이름도 자주 보인다.

그중 백정이었던 김매읍산과 이매읍산이 이 시대 대표 백정이다. 성은 다르지만 정황으로 보아 이 둘은 같은 인물이다. 어째서 그런지 먼저 김매읍산 이야기를 보자.

> 승정원이 아뢰었다.
>
> "백정 김매읍산은 두 달 동안에 소 일곱 마리를 도살하여 온 가족이 변방으로 떠나는 유배형을 받게 되었습니다. 하오나 소신들 생각으로는, 김매읍산이 소를 도살했다 하나 그의 뜻이 아니고 오로지 서원(書員, 벼슬 이름) 손원의 지시에 따른 것이니 마땅히 주범과 종범을 구별해야 할 것입니다. 그런데도 손원과 같은 벌을 내리는 것은 애매해 보이오니, 두루 의견을 모아 정하게 하소서."
>
> 《조선왕조실록》 연산군일기 8년 4월 18일

서원은 서리가 없는 관아에 두었던 벼슬아치다. 딱히 높은 벼슬도 아니건만 자기보다 약한 백정에게는 큰소리 땅땅 쳤던가 보다. 그 한심한 서원에게 핍박받은 백정 매읍산이 몰래 일곱 번이나 도살을 한다. 그러다 잡혔는데 애꿎게 노동력 착취를 당한 매읍산에 그 가족들까지 서원과 똑같은 벌을 받게 생겼다. 이에 상황을 안타까워한 관리들이 매읍산에게 온정을 베풀자는 의견을 나눈 것이다.

그리고 나흘 뒤, 이런 판결이 나온다.

승정원이 아뢰었다.

"백정 이매읍산이 서원의 지시를 받아 소를 도살한 것을 두고 주범과 종범을 구분하지 않고 같은 법으로 죄를 주는 것은 온당치 못하다고 신들이 아뢰었습니다. 정승들의 의논 또한 같았으니, 지금부터는 주범과 종범을 구분해서 죄를 주는 것을 영구히 법으로 삼으소서."

이에 임금께서 "그렇게 하라" 하시었다.

《조선왕조실록》 연산군일기 8년 4월 22일

이때 백정 이름이 김매읍산에서 이매읍산으로 바뀌지만 날짜도 나흘 차이고 내용도 같으니 같은 사람이라 봐야 한다. 아마 성이 없는 백정의 이름을 문서에 남기면서 착오가 생겼던 것 같다. 어쨌거나 김(이)매읍산은 나라에서 금하는 도살을 했지만 주범이 아니라서 다행히 큰 벌에서는 아슬아슬 비껴갔다.

이랬던 김매읍산이 중종 때에 다시 등장한다. 물론 성 없이 그냥 매읍산이라고만 나오는 데다, 십여 년 차이가 있으므로 같은 인물인지는 확인할 수 없다. 하지만 동일인이 아니더라도 적어도 같은 처지에 있는 사람은 맞을 것이다. 매읍산이란 결국 힘없는 천민의 이름이었기 때문이다.

그리고 그 천민은 천민이어서, 아니, 백정이어서 죽는다. 그것도 왜 죽었는지 정확히 알 수 없는 이상하고 의심스러운 사건 '의안疑案'으로 죽는다. 멀쩡히 길을 가다가 생전 처음 보는 사람에게 매를 맞아 죽기 때문이다.

사노비 숙손이 길 가는 사람 매읍산을 말 위에서 끌어 내리다가 상해를 입혔다. 결국 매읍산이 사망하게 되어 승지가 이 일을 아뢰니, 임금께서 이르셨다.

"이는 의심스러운 사건이니 함께 의논해 보라."

찬성 이계맹이 아뢰었다.

"숙손이 자기 상전의 지시에 따라 한 것이고 딴 사정은 없는 듯하옵니다. 전하께서 판단해 주소서."

임금이 "사형을 감함이 맞겠다" 하시었다.

《조선왕조실록》 중종 17년 9월 15일

중종의 말처럼 아무리 봐도 의심스러운 사건 의안이다. 대체 멀쩡하게 길 가는 사람을 왜 끌어 내려 죽인단 말인가. 상황을 찬찬히 살펴보면 몇 가지 짐작을 해 볼 수 있다.

먼저 죽은 매읍산이 말을 타고 있었다는 것. 그런데 '강제로' 끌어 내려졌다. 그것은 그가 본디 말을 타서는 안 되는 신분이고 그래서 억지로 끌어 내려졌다는 짐작을 하게 한다. 절대 말을 타서는 안 되는 이, 아마도 천민일 것이다.

또 하나는 가해자가 사노비라는 점이다. 게다가 "자기 상전의 지시"에 따른 것이라 했으니 그 상전은 양반이다. 그러므로 길 가는 양반이 말을 타고 가는 천민을 보고 배알이 꼬여서 노비에게 끌어 내리라 시켰다고 볼 수 있다. 그 과정에서 얼마나 심하게 매질을 했으면 매읍산이 결국 죽고야 말까.

억울한 것은 정작 저 일을 시킨 양반은 어떤 처벌도 받지 않는다는 점이다. 오히려 상전의 명을 지킨 죄로 노비가 죽을 것 같자 관료들이 '딴 사정', 곧 딴 원한은 없는 것 같다고 편을 들어주었다. 이에 임금도 상전의 말을 따랐을 뿐이니 노비에게 사형죄를 감해 주라고 이르는 것이다.

그렇게 이 의심스러운 사건은 배후도, 까닭도 밝히지 못한 채 끝이 난다. 길 가다 죽은 매읍산만 땅을 치고 억울할 일이다. 대체 이 무슨 마른하늘에 날벼락 같은 일일까.

하지만 앞서 말했듯 매읍산이 천민, 그중에서도 사람들이 가장 기피하는 백정이었다고 보면 얼추 그림이 맞춰진다. 만약 이 상전이 매읍산과 진짜 원한 관계가 있었다면 단순히 '길 가는'이라고만 하지는 않았을 것이다. 어떤 식으로든 분명 과거 얘기가 나왔을 텐데 그런 것이 없음은 양반과 매읍산이 사적으로 전혀 얽히지 않은 사이라는 뜻이다. 게다가 아무리 양반이라도 멀쩡한 평민을 그렇게 했다가는 살인죄를 감당해야 한다.

하지만 말을 타고 가는 이가 백정이었다면? 감히 사대부도 타기 힘든 말을 탔다고 "저 발칙한 백정놈, 당장 끌어 내려라!" 하지 않았을까. 거기다 본때를 보이려고 몇 대 때리기도 했을 테고, 겨우 몇 대 맞았다고 재수 없게 숨이 넘어가기도 했겠고 말이다. 하지만 그 것이 어찌 내 죄냐고, 백정놈이 그저 운이 나쁜 게 아니냐고 양반은 털털 웃었을지도 모르겠다.

이즈음 백정을 누르는 억압은 나날이 심해지고 있었다. 후대에 가면 백정은 말은커녕 혼인날 가마도 타지 못하게 된다. 그 좋은 혼인날 신랑은 소를 타거나 걸어야 했고, 신부는 널빤지에 얹혀 가거나 아비 등에 업혀 시집갔다. 감히 말을 탔다가는 신분을 능멸한 죄로 당장 때려죽여도 저항조차 할 수 없었다. 그때는 의안조차 아닌, 명백히 신분을 망각한 강상죄를 범한 죄인이었다.

양인역천.

신분은 양인이지만 실제로는 천한 자. 그래서 감히 말을 탔다고 죽을 때까지 매를 맞아도 되는 자. 그것이 백정이었다. 결국 매읍산은 오로지 백정이라서 죽었다.

그리고 같은 백정이지만, 정확히는 백정의 사위였지만, 양반 출신이라서 살아남아 끝까지 부귀영화를 누렸던 다른 이의 이야기가 매읍산과 대비되어 떠오르고 만다.

네 번째 백정

백정의 양반 사위 이장곤

매읍산과 더불어 이장곤을 이 시대 백정으로 꼽은 것은 '이야기' 때문이다. 물론 파란만장한 이장곤 이야기 때문이 아니라 이장곤과 얽힌 백정들, 특히 백정 '여인'들의 이야기를 하고 싶어서이다.

이장곤은 한마디로 잘나가는 사내였다. 학문도 잘하고, 무술도 잘하고, 몸집도 크고 잘생겼다. 실록에 나오는 이장곤의 첫 등장은 꽤나 강렬하다.

> "신이 듣건대, 이장곤이라는 자가 있어 나이 겨우 열아홉인데 용모가 뛰어나게 훌륭하고 강궁도 잘 당긴다고 하옵니다. 청컨대 불러서 재주를 시험해 보고 선전관 직임을 내려 무예와 전술을 익히게 하면 훗날 훌륭한 장수가 될 것입니다."
>
> 《조선왕조실록》 성종 23년 4월 1일

그 말대로 임금 앞에서 활을 쏘고 시를 지어 올린 이장곤은 재주를 인정받아 청년 장수로 승승장구한다. 하지만 폭군 연산이 재위에 오르자 뛰어난 재주는 오히려 독이 되었다. 그가 반란에 가담할까 끊임없이 의심하는 연산군에 의해 이장곤은 비참히 내쳐진다. 그리고 귀양길에 죽음을 피해 백정촌으로 달아나 몸을 숨긴다.

여기까지가 실록의 기록이라면 그 뒤는 설화의 영역이다. 백정촌에서 이장곤은 아름다운 백정의 딸을 만나 사랑에 빠진다. 결국 혼인까지 해 백정의 사위가 되고 중종반정 뒤에는 복권이 되어 다시 잘나가지만, 힘들 때 만났던 백정의 딸을 버리지 않고 내내 함께 행복하게 잘 살았다는 이야기다.

백정의 사위가 된 용맹한 장군 이야기는 기녀의 딸 춘향을 사랑한 어사 이몽룡만큼이나 인상 깊어 여러 갈래로 변주되어 전해졌다. 특히 입에서 입으로 전해지는 이야기를 채록한《구비문학대계》를 살펴보면 아주 생생하고 맛깔나게 읽을 수 있다.

무엇보다 실록에서는 그렇게나 멋있게 나오는 이장곤이 구비문학에서는 굉장히 지질하고 못난 사내로 나온다는 점이 재미있다. 아마 보이지 않는 민중의 정서가 그렇게 만들었을 것이다. 잘난 사대부가 백정을 구하는 것이 아니라 백정이, 그것도 용감하고 당찬 백정의 딸이 도리어 사대부를 구하는 이야기. 그만큼 민중들 마음에는 각별하게 와 닿았을 것이다.

실제로 구전 속에서 이장곤은 이야기 중심에서 물러나 있다. 그 대신 앞으로 나오는 이가 바로 이장곤의 아내다. 곧 이장곤은 이미 혼인했다는 설정으로, 그래서 양반 아내와 백정 처자가 오히려 이장곤을 두고 겨루는 것처럼 이야기가 전개된다. 겨루는 방식도 재미있어 양반 아내는 구십구 폭 비단치마와 꽃단장이 무기라면 백정 처녀는 싱그러운 버들잎과 뜨끈뜨끈한 쇠고깃국으로 싸운다.

화려한 비단치마와 버들잎, 곱디고운 꽃단장과 쇠고깃국이라니!

백성들의 이야기 빚어내는 솜씨가 아주 맛깔나다. 설화가 채록된 장소나 구술자에 따라서 줄거리는 조금씩 달라지는데, 그 가운데

두 이야기를 살펴보자. 하나는 경기도 포곡면 구전 설화요, 또 하나는 경상도 무을면 구전 설화다.

실록과 달리 두 이야기 모두 이장곤이 정치적인 입장 때문에 도망갔다고 나오지는 않는다. 그보다 연산군이 이장곤의 아내를 겁탈하려 했기에 거기에 반발하여 도망쳤다고 나온다. 이야기 처음부터 아내가 등장해 벌써 여자 중심의 구도가 뚜렷이 드러나는 것이다. 먼저 포곡면 설화부터 살펴보자.

"연산군 때 덕진 이씨에 이장건(곤)이란 분이 있는데 그분이 시방으루 이르면 무신 장관급에 속했던 모양이여. 그런데 연산군이 어떻게 폭군으루 나쁜 짓을 하는지 장관에(의) 부인은 오히려 하나두 빼놓지 않구 몽조리 욕을 뵈인다 이 말에요.

그래 인저 차례루- 차례차례 오늘 저녁은 누구, 낼 저녁은 누구, 차례차례 요렇게 나가다가 낼 저녁쯤은 이장건이 부인의 차례다 이 말이야. 그래서 나와서 이장건이 머릴 싸구 드러누워서 꿍꿍 앓지. 그래 그 부인이 하는 말씀이,

'그, 대감 어디가 불편하십니까? 우째 그렇게 좋잖으시니 우짠 일입니까?'

(이장곤이 여차저차 말하니까) 그러니까 그 부인이 있다 하는 소리가 '염려 마십쇼' 말이야.

'제가 다 감당하것습니다.'"

'이장곤과 백정의 딸', 《구비문학대계》, 경기도 용인시 포곡면 설화

대체 천하의 이장곤도 못 하는 일을 힘없는 아내가 어찌 할까 싶은데 이 똑똑한 부인이 내는 꾀가 그럴듯하다. 바로 구십구 폭 비단 치마를 이용하는 것!

"그러니까 치마를 아홉 자를 입는데, 치마 하나 입고 아홉 번을 붙들어 매. 치마끈을 또 하나 입구 또 아홉 번을 붙들어 매. 또 하나 입고 또 아홉 번을…… 구구 팔십일, 여든한 번을 붙들어 맨다 이 말야. (그리고) 시방으루 일르면(이르면) 12시쯤이나 해서 들어가서, 치마 하나 입구 아홉 번 붙들어 매구(풀고). 그래서 구구는 팔십일, 여든한 번을 붙들어 맬(풀) 시간이면 해가 거반 날이 샐 꺼 아닙니까 말이여. 그렇게 해 이걸 피하구 나오겠습니다."

듣고 보니 그럴듯하다. 일러도 한밤중 12시쯤에 들어가 치마끈을 아흔아홉 번씩 풀다 보면 정말로 날이 훤히 샐 수도 있겠다 싶다. 이장곤은 꾀가 용하다 여기고 아내를 궁궐로 들여보낸다. 다음에는 어찌 되었냐고?

"그래서 인제 들어갔는데, 입궐을 했는데, 입궐을 하구 보니까는 들어가 보니깐 그게 아니다 말이야. 아, 이게 뭐 연산군이 그 폭군이구 뭐 그런 걸 신사적으루 그렇게 할 사람이 아니다 이 말이야. 이건 뭐 그냥, 그래서 그냥, 당했다 이 말이야."

폭군 연산답다. 아흔아홉 폭 치마를 찬찬히 한 겹씩 푸는 신사다운 모습은커녕 그냥 다짜고짜 한꺼번에 쫙 찢어 버린 것이다. 결국 이장곤의 아내는 속절없이 당한 채 돌아온다. 마침 퇴궐해서 돌아온 이장곤이 바로 묻는다.

"어떻게 됐소?"

부인이 대체 무슨 말을 할까. 구십구 폭 치마를 풀기는커녕 통째로 찢긴 채 능욕당했다고? 이장곤은 거듭 묻지만 아내는 아무 대답도 하지 못한다. 이장곤은 결국 아내가 폭군에게 당했음을 짐작하는데 그다음 행동이 참 못났다.

"그래 (이장곤이) 연산군을 헐어서(헐뜯어서) '이걸 임금이라구 있다가는 내가 집안이 멸망하구, 나 망하는 거는 낭중이구 세상이 다 망할 테니까 나는 어디루 갈 수백에 읎다' 하구선 부인을 두구서 그냥 내뺐어요-. 나갔어요, 집을 떠났어."

남편이라는 사람이 아내를 폭군에게 보낸 것으로도 모자라 꾀가 안 통했다고 부인은 내버려 두고 자기 혼자만 내뺀 것이다!

그 뒤 이야기는 흔히 알려진 설화와 같다. 도망치던 이장곤이 목이 말라 우물가에서 물 한 잔을 청하는데 물을 떠 준 색시가 그릇에 뜬금없이 버들잎을 띄워 준다. 그러니 별수 있나, 아무리 목이 말라도 후후 불어 먹을 수밖에.

"그래 후후 불구는 물을 마셨어요. 마시구 보니까는 참 밉다 이 말이야, 색시가. 그래 이제 (질문) 한 가지, '물을 줘서 잘 먹었는데, 이 물바가지에다 버들잎을 훑어 넣는 뜻은 이거 무슨 뜻이요?' 하구 물으니깐,

'네, 그거 별 이유가 없었구요. 손님의 행색을 보니깐 좀 급한 걸음을 걸으시는 것 같아서 그 숨 좀 돌리시라구(체하지 말라고) 그 훑어 넣었습니다.'

아, 그 소리를 들으니깐 생각이 달라진다 이 말이야.

'아, 이거 참 보통 여자가 아니로구나!'"

못나긴 했어도 이장곤이 여자 보는 눈은 있다. 결국 이장곤은 이 "보통 여자가 아닌" 백정 색시를 따라가 혼인까지 하고, 백정 각시는 정체도 모르는 남편을 극진히 모신다. 그 조건 없는 사랑에 이장곤은 나중에 양반으로 돌아갔어도 백정 아내를 곱게 모셔다 둥개둥개 잘 살았다는 이야기다.

곱게 자란 양반 아내는 똑똑했으나 현실을 몰랐다. 구십구 폭 비단치마면 폭군을 멈추게 할 줄 알았으나 현실은 훨씬 더 가혹했다. 그러나 백정 각시는 처음부터 현실이란 부드러운 비단치마가 아니라 쓰디쓴 체기와 같은 것임을 알고 있었다. 당장 입에는 시원한 물이 몸에는 나쁜 체기를 일으킬 수 있음을 백정으로 태어나 몸으로 다 겪었기 때문이다. 그래서 버들잎으로 방해를 한 것이다. 가장 쉽지만 가장 현실적인 방법으로 이장곤을 도운 셈이다.

결국 이 설화는 한심한 사내 이장곤보다도, 똑똑해서 배운 양반 부인보다도, 거친 삶에서 지혜를 찾아낸 백정 처자가 훨씬 더 현명한 주인공임을 고스란히 드러내는 이야기라 하겠다. 아마도 그것이 대다수 민중들이 바라는 정서였을 것이다.

무을면 구전 설화는 포곡면 설화와는 또 다르다.

연산군이 신하의 아내를 취하는 상황은 비슷한데 처음 시작이 다르다. 여기서는 연산군이 대신들 입을 막으려고 억지로 차게 했던 '신언패愼言牌' 비슷한 것이 나온다. 이때 명패를 다는 것은 대신들이 아니라 대신들의 아내다. 예쁜 여인을 눈여겨보았다가 나중에 부르려고 명찰을 달게 한 것이다.

"이전 연산군 때 이애기(이야기)라. 연산군 때. 연산군이 참 폭군으로서 아주 험해기 놀았다 이기라. 그래 각 대신들을 조회할 적에, '그 너거 올 적에 명찰 달아' 이기라.

아무 정승 아무개 안해(아내), 아무개 안해, 이름 아무라 이래 써 가지고 오라 카는기라. 요새 학생들 명찰 달듯. 그래 가주고 언제고 저 할 적에 (잘난 인물) 봐났다가 불러여. (불러서 욕을 뵈여.) 그래 뽑힌 이가 누군고 하니 이장군(곤)이 마느래가 뽑혔어.

이장군이가 그때 나라에 뭐고 하니 포도대장이라, 포도대장. 포도대장 마느래가 불리 뽑힌 기라. 그래 나라 임금님이 초청을 하니께 안 갈 수 있나? 그래서 인제 그 불리 가는데……."

'백정 딸과 결혼한 이장군', 《구비문학대계》, 경상도 선산군 무을면 설화

불려 가서 어찌 되는가는 이번에는 나오지 않는다. 이번 아내는 궁궐에 들어가기도 전에 사달이 난다.

"이장군이 와서 보인께, 그 나라에서 이런 쪽지 왔다 그래. 안 갈라 카고 갈라 카고, 가서 안 되니, 뭐뭐 집이 난리라. 그 아내가 문을 열고 살모시 나가는데, 그래 이장군이 본께 혹시 저기 어데 가서 목이나 매고 안 죽나 싶어서, (따라가.) 옆방에 가 보인께…… 궁에 드갈라고 머리 단장해여. (꽃단장을 해여.) 이장군이 와가 주먹으로 가주 대고 때리직있(죽여) 뿌렀어. 아, 자기 아내 때리직있 뿟어."

세상에, 폭군은 내버려 두고 아내만 죽이다니. 앞서 혼자 도망친 경우보다도 훨씬 더 심하다. 저런 억압에서 아내를 지켜야 하는 것이 낭군의 당연한 의무가 아니었던가. 이장곤을 이렇게까지 속 좁고 옹졸한 사내로 그려 놓은 것을 보면 민중들 마음속에는 겉으로야 점잖은 척하지만 속으로는 제 잇속만 차리는 양반이라는 족속이 어지간히 미웠던가 보다.

어쨌거나 아내를 죽인 이장곤은 도망을 치다 치다 저 멀리 평안도 강계에 있는 백정촌 근처까지 흘러온다. 그리고 지게를 짊어지고 장군이 아닌 척 나름 변장을 하는데, 그 모습이 남편감을 찾고 있던 백정 처자의 눈에 띈다.

"강계읍에 어느 소고기 파는 집에 여자가 하나 있는데, 그 여자는 그 시집을 안 가고 남편(남편) 좋은 거 고를라고, 그래, 그 소고기 집을 보로(보러) 나왔어. 아이 본께, (이장곤이) 지게는 졌을망정 수군도 디리고 했는데 관장(벼슬) 자리라.

'그 여보, 여보, 여보.'

'왜 부리노?'

(이장곤이) 물으인께,

'아이, 그 당신 식전에 이래 가는 거 보인께 뭐 곤란하다 싶은 게 술이나 한잔 마시고 가소.'

그래 소고기 국물에다 소고기를 듬뿍듬뿍 싸리 옇어가 한 그릇 마셨다. 그래 배가 (불러) 벌떡 일나지. 그래, (여자가 물어.)

'우옌 일이고?'

그래, 그래 해가 (이장곤이) 인자 사실 얘길 했어. 그런인께……."

그런인께, 이 소고기 듬뿍 썰어 넣은 고깃국 한 그릇에 흐물흐물 녹은 이장곤이 구슬림에 넘어가 자기 사연을 줄줄 다 말하니께, 그러자 이 호탕한 백정 처자가 대뜸 이런 말을 한다. 그런인께, 너 내 남자 해라. 고기 많이 줄게.

"여, 당신 나하고 삽시다. 그래 내 기기(고기) 팔고 있은께."

그리고 이장곤은 그 자리에서 홀딱 넘어간다. 고깃국 한 그릇으로 서방을 낚은 백정 각시, 이번에는 아버지 허락을 받아야 한다면서 아버지에게 대뜸 또 이렇게 말한다.

"아부지, 내가 신랑감을 존(좋은) 걸 하나 구해 놨은께 아부지가 보고 정하이소."

그야말로 화끈하다. 이 거침없는 구혼은 단 한 번의 반대도 없이 일사천리로 성공해 두 사람은 바로 혼인한다. 이장곤은 이번에도 백정의 사위가 되어, 아니, 백정의 남편이 되어 잘 살아간다.

그러는 사이 세월이 흘러 중종반정이 일어난다. 이에 이장곤은 다시 서울로 올라가게 되는데, 이때 비로소 문제가 생긴다. 백정 각시가 "나는 안 갈라 캐여" 하고 함께 떠나는 것을 거부한 것이다. 그리고 단호하게 잘라 말한다.

"당신은 거어 가만(가면) 다시, 비실(벼슬)을 다시 해 가주고, 그 좋은 집에 장개 들어서 그래 잘 사시오. 그 나 여어 강계에나 이런 여자가 있다 카는 거만 알고 고만 가라."

그야말로 한 치 뒤끝도 없이 깨끗하게 놓아 준다. 가서 벼슬도 잘 살고 새장가도 잘 들라는 덕담까지 보냈다.

결국 어영부영 혼자 서울로 돌아간 이장곤은 포도대장으로 다시 복직하는데, 임금이 서울에서 강계까지 내려간 경위를 써서 바치라는 명을 내린다. 그리고 이장곤의 글을 읽고 어딘가 감동한 임금이 조회에서 이렇게 묻는다.

"만약에 이런데 그런 사램이라도, 백정의 딸이래도 아내로 정해도 되까?"

그리고 왠지 감동한 신하들도 앞다투어 대답한다.

"백정 아니라 무당이라도 된다 이깁니다."

그리하여 무려 임금의 승낙을 받은 이장곤은 다시 강계로 내려와 아내를 데려간다. 아니, 모셔 간다. 처음에 백정 처자가 따라가지 않은 것이 도리어 전화위복이 된 셈이다. 임금이 나서서 "백정 아니라 무당이라도 된다" 하며 출신의 비루함을 벗겨 주었으니 아주 당당하게 양반가에 들어갈 수 있었던 것이다.

어쩌면 백정 처자는 처음부터 이런 결과를 바랐던 것이 아니었을까. 그저 생각 없이 양반 마누라 된다고 좋아라 따라갔다면 금세 천한 백정이라고 버림받았을지도 모를 일이었다.

그러고 보니 이 사내, 꽃단장하는 아내를 '죽이 뻔' 사내다. 원인은 자기면서, 본인도 죽을까 봐 임금에게 돌 한 번 못 던졌으면서, 화장하며 교태를 부린다고 힘없는 아내만 죽여 버린 사내다.

그러니 백정 각시는 알지 않았을까. 이런 사내를 그대로 따라가서는 절대 좋은 끝을 보지 못한다는 것을. 처음에야 조금 신경 쓰겠지만 나중에는 목숨을 구해 준 은혜보다는 비루한 '출신'에 훨씬 더 촉각을 세우리라는 것을 말이다. 하지만 임금의 명으로 데려간다면 전혀 다른 이야기가 된다. 임금이 나서서 백정의 굴레를 벗겨 줬으니 출신을 두려워할 필요도 없고 절대 함부로 내칠 수도 없다. 그리고 이 현명한 결정은 고스란히 행복한 결말로 이어진다.

결국 이번 이야기의 주인공 또한 잘난 장군 이장곤이 아니라 그 이장곤을 택한 백정 처자다. 스스로 남편을 고르는 대담함, 주저 없이 밀고 가는 추진력, 거기에 결코 매달리지 않는 현명함까지 두루 갖춘 씩씩한 백정 처자가 '진짜' 주인공인 셈이다.

입에서 입으로 전해지는 정서란 이런 것이다. 그리고 그 안에는 누구도 무시 못 할 진실이 담겨 있다. 신분이 낮고 천하다 하여 똑똑하지 못하거나 용감하지 못한 것이 아니다. 오히려 누구보다 거친 현실을 잘 알아서 더욱 슬기롭고 씩씩하다. 그저 드러낼 기회가 적어서 보이지 않을 뿐, 속은 그 누구보다도 옹골차다. 결국 인의를 내세우지만 실제로는 변변찮은 양반보다, 천하다는 백정이 얼마나 더 품위 있고 용감할 수 있는지 이 구전 설화는 보여 주는 것이다. 그리고 그것이 이야기의 진짜 핵심이다.

다만 안타까운 것은 현실은 설화와는 또 다르다는 점이다.

이장곤이 살던 때가 조선 중기이다. 그랬기에 백정 아내가 그나마 인정받을 수 있었다. 조선 후기라면 아무리 임금의 명령이 있어도 불가능할 일이었다. 조선 후기 백정의 처지는 그야말로 까마득히 바닥이어서 저런 꿈같은 사랑 이야기가 있어도 절대 양반가의 아내로 받아들여질 수 없었다.

조선 말 프랑스 신부 샤를르 달레가 쓴 《조선천주교회사》에는 백정의 처지가 이렇게 묘사되어 있다.

"종들보다도 더 낮게 다뤄지는 지경이다."

"인류 밖에 있는, 품위를 잃은 존재이다."

그야말로 노비보다도 못하고 더는 떨어질 곳조차 없는 최하층 천민 집단이 바로 백정이었던 것이다.

거기에 하나 덧붙이자면, 애초에 이장곤이 아내와 함께 받아들여질 수 있었던 것도 그가 본디 양반이었기 때문이다. 만약 이장곤이 양반 출신이 아니었다면 중종의 저런 은총은 어림도 없었을 것이다. 같은 시기, 같은 임금 아래에서 매읍산은 백정이기에 죄도 없이 죽음을 당하지 않았던가.

임금은 백정 사위 이장곤은 기꺼이 받아들였다. 양반이니까.

임금은 백성 매읍산은 그냥 죽게 내버려 두었다. 백정이니까.

참으로 씁쓸하고 분노할 이야기이나 그것이 백정의 현주소였다. "인류 밖에 있는, 품위를 잃은 존재", 그것이 백정이었던 것이다.

그러므로 이제 앞서 나왔던 질문들로 돌아갈 필요가 있다. 왜? 대체 왜 백정은 그렇게 되었는가? 다시 처음으로 돌아가 권력과 차별, 가치와 인권의 문제를 되짚어 볼 때다. ◉

고기를 잃을지언정
사대부를 잃을 수는 없다

죄는 백정에게, 고기는 사대부에게. 소는 백정이 잡지만 도살을 명한 것은 사대부이고, 고기를 차지하는 것 또한 사대부이다. 그런데도 벌을 받는 이는 애꿎은 백정뿐이었다. 정작 백정들에게 소는 아주 귀한 영물이었다. 심지어 죽을 때도 소를 떠올리며 떠났다.

조선 초기부터 시행된 제민화 정책은 세종, 성종을 거쳐 중종 대에 얼추 마무리가 된다. 중종 뒤로 조선 후기에는 백정 이야기가 거의 나오지 않는데 문제가 해결되어서라기보다는 백정을 꼼짝 못하게 옭아매는 억압이 그만큼 더 무겁고 커졌다고 보는 것이 맞겠다. 거기에는 앞서 말한 고기와 권력, 가치와 차별의 문제들이 촘촘히 얽혀 있었다.

조선은 태생부터 성리학을 바탕으로 한 신분제 사회였다.

사농공상, 짜인 틀은 벗어날 수 없고 양반이 양반으로 굳건히 잘 살려면 신분제는 더욱 견고히 지켜져야 했다. 따라서 백정 같은 최하층이 최하층 그대로 남아 있어야 지배층에게 훨씬 유리하고 편했다. 결국 하층민을 향한 억압을 더욱 공고히 했으니 조선의 신분 제도 자체가 백정을 누르는 한 원인이었던 것이다.

게다가 권력층뿐 아니라 일반 백성들도 백정을 차별하는 데 한몫

했다. 가뜩이나 힘든 세상, 자기보다 못하고 천한 자들이 있다는 사실은 일반인들에게 짧은 위로와 안도감을 주었다. 권력자들이 백정의 재주를 빼앗아 욕심을 채웠다면, 평민들은 백정의 자존을 빼앗아 위안의 도구로 삼았던 것이다. 백정을 향한 그악할 정도의 외면과 천대에는 그런 바탕이 깔려 있었다.

백정에게 빼앗고 이용할 재주가 없었더라면 또 달랐을 것이다. 하지만 백정은 여러모로 독특한 위치에 있는 집단이었다. 그들에게는 보통 사람은 도저히 흉내 낼 수 없는, 백정만의 고유한 재주가 있었다. 바로 재살宰殺, 짐승 잡는 재주였다.

스스로 일컬었던 말에도 이미 드러나 있지 않던가.

짐승의, 생명을, 빼앗는 자.

그중에서도 소는 가장 중요한 제물이었다. 그랬기에 백정에게 이중 가치관을 씌우는 데 가장 유용한 짐승이 또한 소이기도 했다.

문제는 소였다.

소머리뼈로 다리를 만드니

예종 때 일이다. 당시 공조판서였던 양성지가 국정 전반에 걸쳐 스물여덟 가지 의견을 내놓는다. 국경에 있는 장성 문제부터 《고려사》를 반포하는 일, 성학에 힘쓰는 일, 아악을 보존하는 일, 공물을 받아들이고 세금을 거두는 일, 과거를 정하는 일…… 같은 여러 가지 사안 가운데 눈에 띄는 항목이 하나 있다.

바로 소도둑을 금하는 일.

대체 국경, 성학, 공물, 세금, 과거 같은 육중한 주제들 사이에서 난데없이 툭 튀어나온 소도둑은 무엇일까. 한낱 도둑이 스물여덟 가지 중요한 나라 사안 중의 하나라고? 그것도 꼭 집어서 소도둑? 온갖 의문 속에서 자연스럽게 소와 관련 있는 무리가 떠오른다.

"예로부터 우리 나라는 소를 훔쳐 죽이는 자가 많았사오나 지금 처럼 심하지는 않았습니다. 그런데 지난해부터는 스스로 피갑皮 甲을 만들어 일상에서도 거듭 쓰니, 소를 훔쳐서 죽일 뿐만 아니라 대놓고 죽이기까지 하옵니다. 비단 백정뿐 아니라 일반 양민들까 지도 그러고 있습니다." 《조선왕조실록》 예종 1년 6월 29일

백정이고 양민이고 모두가 대놓고 소를 죽이는 참상을 양성지는 이렇게 풀어놓는다.

"이런 풍습이 날로 성하여 잡은 소의 뼈가 길에 널리고, 심지어는 소의 머리뼈를 가지고 다리를 만들어서 작은 시내를 건넌다 하옵 니다. 이것이 어찌 도성 아래에서 차마 볼 일이겠습니까?"

소를 얼마나 많이 죽였으면 소뼈가 길에 널리고 소머리뼈로 다리를 만들까. 그러니 소도둑을 금하자는 이야기가 중요한 국가 사안

으로 상소문에도 등장하는 것이다. 그리고 해결 방법으로 이제부터 소를 죽이는 자는 모두 극형에 처하자고 부르짖는다. 결론은 소 잡는 백정을 처벌하자는 것이었다.

하지만 애꿎게 백정만 잡는다고 해결될 문제가 아니었다. 소를 죽이는 것보다 소를 죽이라고 시키는 게 더 큰 문제였다. 양성지도 "이는 반드시 거가(巨家, 번창한 집안)를 거들어서 하는 일"이라며 따로 시키는 자가 있음을 짚지만, 그래도 결국 결론은 소를 잡는 자를 벌하자는 걸로 끝이 나고 만다.

잘못은 시키는 자에게 있는데 처벌은 시켜진 사람이 받는 것.

앞서 매읍산과 서원처럼 바로 그것이 힘없는 자와 힘 있는 자가 가진 역학 관계요, 결국 이 고기의 문제가 다름 아닌 힘과 권력의 문제임을 거듭 일깨워 주는 것이다.

결국 문제는 고기, 바로 소였다.

예로부터 소를 잡는 것은 아주 큰일이었다. 우경牛耕이라는 말에서 알 수 있듯 조선은 농사 짓는 소를 귀히 여겼고, 고려는 또 고려대로 불교 영향으로 살생을 금했다. 그래서 고려에서는 왕족조차 고기를 자주 먹지 못했다. 그러다 보니 짐승을 잡을 때도 제대로 죽이지 못하고 불에 던져 넣어 '저절로' 죽기를 기다렸다가 잡아먹고는 했다. 그 방법이 어찌나 졸렬해 보였던지 고려를 방문했던 송나라 사신 서긍은 혀를 차며 이렇게 기록해 놓았다.

고려는 도살을 좋아하지 아니하여 외국 사신이 올 때면 미리 양과 돼지를 길렀다가 때에 맞춰 사용한다. 잡을 때는 먼저 네발을 묶어 타는 불 속에 던져 넣고 숨이 끊어지고 털이 없어지면 물로 씻는다. 만약 다시 살아나면 몽둥이로 쳐서 죽인 뒤에 배를 가르는데 위장이 다 끊어져서 똥과 오물이 흘러넘친다. 따라서 국이나 구이를 만들더라도 고약한 냄새가 없어지지 아니하니 그 졸렬함이 이와 같다.

서긍, 《고려도경》 권23 '도축'

무슨 잔인한 영화 장면 같다. 저리 잡으면 냄새는 얼마나 누리고 맛은 또 얼마나 고약할까. 단숨에 바로 죽지 못한 채 불에 그슬리고 몽둥이로 처맞아야 하는 양과 돼지는 또 무슨 죄일까 싶다.

그 고약한 일을 대신 해 준 것이 바로 유목민의 후예였던 화척과 달단이었다. 두 손 들어 반길 고마운 재주이다. 그런데 고마워하기는커녕 그 재주를 빼앗고 불결한 족속으로 모는 것에서 비극은 시작된다.

소도 못 잡는 군대

세월이 한참 지나 조선 후기에 이르러서도 소를 못 잡는 것은 여전했다. 다음은 영조 때 기록이다.

영조 무신역란(戊申逆亂, 이인좌의 난) 때에 대군이 남쪽으로 토벌

하러 가던 길에 죽산에 머물렀다. 이때 소를 잡아 군사들에게 먹이려 했으나 소 잡을 백정이 없어서 제대로 먹이지 못하였다.

적을 죽이는 것을 용맹으로 여기는 군대에서 소 죽이는 것쯤이야 무에 그리 어려울까. 장군이라면 응당 먼저 칼을 써서 소를 잡아 군사를 격려해야 하는데 어찌 소 잡을 백정에게만 목을 맨단 말인가.

성대중, 《청성잡기》 권4

저 글의 제목이 '소도 못 잡는 군대'다.

제목이 아주 딱 맞다. 천군만마를 호령하는 장군이, 적을 죽이는 것이 용맹인 병사들이 소 한 마리 죽이지 못해서 쩔쩔매다 결국 그 고기 한 점 먹지 못했다. 얼마나 도살을 꺼려 하고 싫어했는지 여실히 드러난다.

영조는 더 나아가 소를 위한 시까지 읊었다.

영조 46년(1770) 1월, 봄갈이가 멀지 않았다며 임금이 타락죽 내리는 것을 멈추게 한다. 타락죽은 우유로 만든 죽으로, 영조는 우유를 짜는 어미 소와 송아지도 함께 놓아주라 명한다. 그리고 소가 얼마나 중요한지를 새삼 강조해 말한다.

"나라는 백성을 의지하고 백성은 농사에 의지하는데, 이 농사에 가장 긴요한 것이 바로 소이다. 이렇듯 소는 사람을 위하여 평생을 일하는데도 사람은 그 노고를 알아주기는커녕 잡아 죽이니, 이것이 과연 어진 일이겠느냐?"

그러면서 명나라 관리 장면이 쓴 노우시老牛詩, 곧 '늙은 소의 노래'를 읊는다.

늙은 소는 힘이 다한 지 이미 여러 해.
목은 찢기고 가죽은 뚫려서 그저 잠만 자고 싶구나.
쟁기질 써레질도 끝나고 봄비도 충분한데
주인은 또 무엇이 거슬려 채찍을 휘두르는가?

평생 사람에게 봉사하고 늙어 버린 소의 애환이 잘 드러나는 시
이다. 소에게 제대로 감정 이입을 한 것이다. 그래서 영조는 소고기
도 되도록 안 먹고 소 도살도 금하게 했다고 말하지만, 이게 임금이
혼자, 그것도 한때 그런다고 해결될 일이 아니다.

게다가 고기만 문제가 아니었다.

소를 잡으면 거기서 살코기뿐만 아니라 뼈가 나오고, 내장이 나
오고, 가죽이 나오고, 힘줄이 나왔다. 이들은 모두 중하게 쓰여서 부
위별로 장인도 여럿 있었다.

이를테면 가죽만 봐도 털가죽을 다루는 사피장, 생가죽을 다루는
생피장, 생피에서 털과 기름을 뽑아 숙피로 만드는 숙피장, 가죽을
두루 잘 다룬다고 '두루 주周'를 쓰는 주피장(갓바치)까지 다 가죽 장
인들이다. 힘줄도 활 같은 무기를 만드는 데 중요한 재료라서 활을
만드는 조궁장과 군영에 꼭 필요했다. 소를 죽이면 안 된다고 하면
서 소를 죽여 얻는 이익은 막대했던 것이다.

그뿐이랴, 제사에는 소고기가 중히 쓰였고, 큰 잔치에도 즐겨 소

고기를 내놨으며, 가죽으로 만든 신발과 장신구는 양반들에게 불티나게 팔렸다. 심지어 뼈까지 버리지 않고 살뜰하게 고아 먹었다. 소는 못 잡으면서 소고기와 소가죽과 소뼈에는 열광하는 것이다. 그래서 더더더 잡으라고 백정을 내모는 주제에 문제가 생기면 시침 뚝 떼고 오로지 백정 탓만 한다.

아니, 바로 그래서 백정에게 이중 가치관을 씌웠던 것이리라. 모든 죄를 백정 탓으로 돌리면 양반들은 면죄부를 얻을 수 있으니까. 똑같은 고기를 두고 죄는 피를 묻힌 너희에게 있고, 상은 고귀한 우리가 누리겠다는 이중 가치관은 어느새 당연한 순리인 듯 뻔뻔하게 자리 잡기 시작했다.

심지어 소를 잡지 말라는 도감까지 설치하며 결백한 척 군다. 다음은 조선 최초의 통일 법전이었던《경제육전》에 나오는 한 대목이다.

먹을 것은 백성의 근본이며, 백성이 먹을 곡식은 소의 힘으로부터 나온다. 따라서 우리 왕조에서는 '금살도감禁殺都監'을 설치하였다. 중국에서도 소고기의 판매를 금지하는 법령이 있으니, 이는 농사를 중히 여기고 민생을 도탑게 하려는 것이다.

말은 번지르르 참 좋다. 하지만 소가 아무리 중요해도 어찌 사람만 할까. 그런데도 걱정하는 것은 오로지 소, 소, 소였다.

그래서일까, 배운 유학자의 말조차 이제는 조롱으로 들린다.《송자대전》은 숙종 때 대학자 송시열의 문집인데, 거기에 소고기 이야기가 나온다.

선생께서 항상 민속이 야박해져서 소를 잡아먹는 것을 탄식하고는 말씀하셨다.

"소는 죽을힘을 다해 밭을 갈아 사람에게 은혜를 베푸는데 사람은 도리어 소를 잡아먹으니, 이보다 더 인자롭지 못한 일이 어디 있겠느냐."

"국법으로 소를 잡아먹지 못하도록 금지한 것은 선대에서 정한 제도입니까?"

"이는 참으로 선대의 금법이다. 임금이 잡수시는 음식에도 소고기를 사용하지 않았다. 임금께서 소고기를 먹고 싶으면 비밀리에 여러 궁가에 명하여 소고기를 들여오게 하였으니, 남들 눈에 띄지 않게 하기 위해서이다."

"임금께서도 자주 소고기를 잡수시지 않았다면 신민으로서 소고기를 먹는 것은 매우 미안한 일이겠습니다."

"이보다 더 미안한 일이 어디 있겠느냐." 《송자대전》 부록 권17 '어록'

소에게는 그토록 미안한데 어찌 사람에게는 그토록 미안할 줄 모르는 걸까. 그러고도 어찌나 소를 잡아드시는지 "소머리뼈로 다리를 만든", 아니, 만들게 시킨 양반네들이 마음에 담을 말은 아닌 듯하다. 심지어 전국 방방곡곡에서 "소뼈들을 길가에 쌓아 두어 감상하게 한다", "소머리뼈로 도랑을 메워 건너다니니 기운을 해치고 원한을 불러온다" 같은 말이 전해질 정도이니 더 말해 무엇 하랴.

세종 때는 이런 일도 있었다. 정종의 서자인 이덕생이 집에 사람을 숨겨 두고 도살을 일삼았는데, 증거를 감추려고 소뼈를 뜰 가운데 묻어 두었다. 나중에 죄가 드러나 뜰을 파 보니 "소머리 35개, 말머리 8개를 찾고, 남은 뼈도 심히 많았으며 뼈에 살이 붙어 지저분한 것까지 있었다." 그런데도 왕족이란 신분 때문에 발각될 때까지 감히 이덕생을 고발하는 사람은 단 한 명도 없었다.

죄는 백정에게, 고기는 양반에게.

그 터무니없는 논리는 권력자들이 안심하고 휘두르는 전능한 핑곗거리요, 교활한 합리화에 지나지 않았다.

전하, 도리를 아는 양반이 어찌 도살을 하겠습니까?

성종 15년(1484), 소가 너무 중요하니 소 잡는 백정을 극형에 처하자는 소리가 분분한 가운데 오랜만에 사대부가 함께 걸려 나온다. 형조판서가 소 잡은 자를 체포만 하면 어떻게 된 게 다 사대부 집 행랑으로 이어진다고, 그 때문에 수사가 어렵다고 임금에게 하소연을 해 온 것이다.

"전하, 요즈음 소 잡은 자를 체포하기만 하면 거의 다 사대부 집안의 행랑에서 나옵니다. 사대부 집은 내사가 아니면 수색하기가 몹시 어려우니, 청컨대 이제부터는 사대부 집안일지라도 의심스러운 곳이 있으면 바로 수색하게 해 주십시오.”

성종이 그건 좀 어렵겠다며 고개를 젓는다. 행랑은 종이 거처하는 곳인데 “주인이 종들이 하는 짓을 다 알 수도 없고, 또 종이 죄를 졌다고 주인까지 벌할 수도 없지 않겠느냐”는 것이다.

“그렇다고 기다렸다 아뢰어 허락받은 뒤에 수색하면 일이 이미 다 누설되어 죄를 찾아내기가 힘듭니다. 사대부 집 행랑은 무릇 내실과 막혔으니, 수색하더라도 뭐가 걸리겠습니까?”

임금도 수긍이 갔는지 “경들이 함께 의논해 보라” 하고 한발 물러선다. 그리하여 논문이라면 〈소 도살자와 사대부 행랑채의 상관관계와 그 수색법의 향방〉 같은 거창한 제목이 붙었을 법한 기나긴 조정 회의가 시작된다. 문제 제기를 한 형조판서 어세겸을 비롯해 한명회, 정창손, 윤필상, 서거정, 권찬 같은 당대의 내로라하는 문신과 의정부, 육조판서가 다 등장해서 한바탕 갑론을박을 벌이는 것이다. 한 편의 연극 같은 그 장면을 조금만 손질해서 올려 본다.

정 씨 증거가 있으면 아무리 벼슬아치나 재상집 행랑이라도 수색하는 게 맞습니다. 안 그러면 큰 맥락을 놓칠까 두렵습니다.

한 씨 소 잡는 재인과 백정이 서울에 많은데, 벼슬아치가 숨겨 두고 함부로 도살하게 하면 큰일이지. 그러면 아녀자가 있는 곳을 빼고 수색하면 어떻겠소?

심 씨 증거도 없이 수색하면 소란이 일어날 것이니 반드시 증거를 잡고 나서 수색해야겠지요?

윤 씨 종친과 재상, 벼슬아치의 집까지 몽땅 수색하는 건 좀 그렇기는 합니다. 하지만 폐단을 없애려면 어쩔 수 없겠지요.

홍 씨 아니 되오! 사대부 집을 수색하면 장차 큰 폐단이 될 것이외다. 원한을 가진 자가 "아무개 집에 도둑의 장물이 있다!" 하고 제멋대로 고하면 지위의 높낮음도 따지지 않고 마구잡이로 수색을 할 텐데, 그러면 상하가 허둥지둥하여 재물을 잃을 것이니 절대 수색할 수 없습니다!

노 씨와 윤 씨 형조에서 올린 대로 하면 어떻겠습니까?

이 씨 소 도살자를 잡는 것뿐인데 어찌 재상과 벼슬아치의 집을 수색한답니까? 만약 의심스러운 곳이 있으면 전례에 따라서 차례차례 허가를 구해 수색해서 잡으면 되지요. 형조에서 아뢴 대로 즉시 수색하는 건 비록 한때는 개운하겠으나 사리와 체면은 크게 손상될 것 같습니다.

서 씨 지금 조정에서 일하는 벼슬아치로서 행실을 삼가지 아니하는 자와, 의관 자제의 무뢰자, 과부여서 집을 주관하는 이가 없는 자와, 소를 잡는 사람이 서로 안팎이 되어 법을 범하는 경우가 자주 있으니, 이는 마땅히 크게 징계해야 할 것입니다. 그러나 이제 수색하는 데 있어서 다만 양반이라고만 일컫고 **절목**을 **세분**하지 아니하였으니, 신은 여러모로 의심스럽습니다. 신은 생각하건대 소소하고 계급이 낮은 벼슬아치, 음관의 자제, 군사, 과부의 집은 비록 양반이라고 부르기는 하지만, 국가에서 존경하는 자가 아니니, 형조에서 아뢴 바대로 수색하여 체포하는 것도 해로움이 없을 듯합니다. 종친이나 재상, 대신의 집은 갑자기 수색할 수는 없지마는, 범한 것이 있으면 엄하게 징계를 가하는 것이 어떻겠습니까? (한 줄 요약 : 절목을 세분하자. 곧 신분 낮은 자는 바로 수색하고, 신분 높은 사대부는 천천히 하자.)

허 씨 비록 양반이라도 죄를 짓기야 하겠지만, 그렇다고 증거도 없이 갑자기 수색하면 나라에서 사대부를 대우하는 체면이 아닙니다. 관련자가 있을 때만 형조의 말을 따르면 어떻겠습니까?

어 씨 양반의 집은 모두 사족이므로 비록 행랑이라고 하더라도 역시 한집안의 안인데, 만약 관인이 사연이 없이 뛰어들어 와서 수색하면 사족을 대우하는 **체통**에 어긋남이 있을 것입니다. 더구나 사실이 없는데도 수색을 당하면 남이 보고 듣는 데에 **부끄러움**이 있을 것이니, 옳지 못할 듯합니다. 다만 드러나게 의심스러운 까닭이 있거나 또는 다른 사람의 지적을 통해서 고한 것이라면 그거야 수색하지 않을 수 없겠습니다. (한 줄 요약 : 수색하지 마. 체통 떨어져.)

손 씨 백정들이 모두 도성에 와 있으니, 이제부터 포도부장에게 군사들을 거느리고 도둑을 더욱 엄히 잡게 하면 거의 막을 수 있을 것입니다.

권 씨 소와 말 도살을 금하는 법이 엄한데, 어찌 도리를 아는 양반이 도살을 하겠습니까? 만약 어기면 그때 가서 법대로 처벌하면 되지요. 도리를 아는 벼슬아치는! 결코 그런 일을 하지 않을 것이니 아무리 행랑이라도 수색해서 체포할 수 없습니다.

이 씨 맞습니다! 사대부 집에서 누가 도살을 하겠습니까? 그런데도 사대부의 집을 수색한다면 큰 뜻이 손상될 것입니다!

결국 저토록 길고 지지부진한 토론 뒤에 나온 결론이 "사대부 집을 수색하면 체면을 해치니 절대 안 된다!"였다. 그리고 어찌 저런 안건으로 사대부를 괴롭히고 체통을 떨어뜨리느냐며 너무나 억울해한다. 이에 임금도 손수 글을 내려 자칫 체면이 손상될 뻔한 사대부들을 극진히 위로한다.

"무릇 임금은 사대부를 중하게 대우하기 마련인데, 내가 비록 어리석어도 어찌 소만 중히 여기고 사대부를 가볍게 여기겠느냐? 다만 형조에서 올린 바를 두고 여러 의견을 듣고자 했을 뿐이다. 과연 여러 사람들 말이 이와 같으니, 차라리 수많은 소를 잃을지언정 사대부를 대우하는 예는 잃을 수 없겠다. 사대부 집을 수색해 잡는 일은 절대 아니 하겠노라." 《조선왕조실록》 성종 15년 11월 20일

그리고 귀한 사대부는 융성한 예로 '대우'하고 소 잡는 백정은 더욱 엄격히 '처벌'하라는 명을 내린다. 그야말로 완벽한 "죄는 백정에게, 고기는 사대부에게"이다.

소는 분명 백정이 잡지만 도살을 명한 것은 사대부이고, 고기를 차지하는 것 또한 사대부이다. 그런데도 벌을 받는 이는 애꿎게도 백정뿐이었다. 결국 사대부들에게 중요한 것은 딱 하나였다.

체면. 그리고 그 뒤에 숨긴 실리.

사대부의 체면은 지키면서 고기 먹는 실리도 결코 포기하지 않았던 것이다. 그래서 백정에게 천한 도살자의 굴레를 씌우고, 금살령을 어기는 불결한 별종으로 내몰아 억압하고 멸시했다. 그래야 고기도 즐기고 비난도 피할 수 있기 때문이다.

정작 백정들에게 소는 아주 귀한 영물이었다.

백정들은 소를 어사나리, 황태자, 신령댁이 같은 이름으로 불렀다. 고귀한 왕족이나 신령을 대하듯 받드는 이름이다. 실제로 백정들 마음속에서 소는 피를 묻히며 사는 그들을 극락과 연결해 주는 매개체였다.

백정 설화를 다루고 있는 소설《일월》에는 그 이야기가 잘 나와 있다. 원래 소는 하늘나라 왕자로, 죄를 지어 땅에 떨어진 왕자를 다시 극락으로 갈 수 있게 돕는 것이 백정이라는 이야기다.

> "옛날 상계 천왕님에게 왕자가 하나 있었는데, 그 왕자가 다른 일은 않구 여색에만 빠져 있었드라나요. 그래 천왕님이 노해 왕자와 궁녀 하나를 소루 변하게 해서 하계루 내려보냈다는군요. 그때 천왕님이 한 말이 하계루 내려가 사람에게 고된 부림을 받다가 나중에 죽으면 혼백만은 다시 상계루 올라오게 해 주마구 약속을 했답니다. 그리구 소를 죽여 상계루 올라가게 하는 사람두 같이 극락으로 가두룩 해 주구요. 말하자면 소를 죽이는 건 극락에 가기 위해 도를 닦는 걸루 생각하죠."
>
> 황순원,《일월》제1장

소는 그냥 짐승이 아니라 극락의 태자.

그러므로 소를 잡는 일은 극락에 가고자 도를 닦는 일이며, 따라서 소를 잡는 백정 또한 고귀하고 신성한 존재라는 믿음은 백정들에게 하나의 구원과 같았을 것이다.

그래서 소도 그냥 부르지 않고 하늘나라 왕자라고 소 우牛를 붙여 '우공태자'라 불렀다. 소를 잡는 칼도 영험한 칼로 여겨 소중히 대했고, 소를 잡기 전에는 늘 몸가짐도 정결히 했다. 소 잡는 도살장도 소의 넋이 하늘나라로 올라가는 곳이란 뜻으로 '천궁天宮'이라 일컬었다.

'전통사회의 황혼에 선 사람들 – 내시에서부터 백정까지'라는 부제가 붙어 있는 책《숨어사는 외톨박이》에서는 백정을 "거룩한 왼손잡이"라고 불렀다.

백정들은 하늘에 오르면 왼쪽에 극락이, 오른쪽에 지옥이 있다고 믿어 왼쪽을 특히 신성하게 여겼다. 그래서 소를 잡을 때도 왼손만 썼다. 왼손을 '올림이'라고 부르는데 "소의 넋을 하늘에 올려 주는 손"이란 뜻이다. 하늘나라에서도 심판 받을 때 왼손잡이가 오면 소 잡는 백정인 줄 알고 극락으로 보내 준다고 한다.

이렇듯 백정의 삶 자체가 신성한 소를 중심으로 모시는 삶이었다. 심지어 죽을 때도 소를 떠올리며 떠났다.

백정이 죽을 때는 쇠울음을 울어야 그가 하늘나라에 간다고 믿는다. 쇠울음은 그가 하늘나라에 간다는 신호다. 임종 때 고통이 심하면 소꼬리를 도마에다 올려놓고 두 동강이를 내기도 한다. 유언하는 목소리가 작아서 안 들리면 죽어 가는 이의 입에다 소의 귀를 갖다 댄다. 그리고 칼을 자식에게 물려주고 쇠울음을 울게 한다. 이렇게 하여 백정으로서의 성스러운 일이 끝난다고 믿는다.

서정범, '백정 – 거룩한 왼손잡이', 《숨어사는 외톨박이》

그렇게 끝까지 소와 함께하는 것이 백정의 가장 성스러운 삶이었다. 그래서 백정들은 고기를 먹지 않고 승려처럼 사는 이들이 많았다고 한다. 우공태자를 하늘로 보내는 성스러운 일을 하므로 승려가 도를 닦듯 자신들도 그리 살아야 한다고 믿었던 것이다.

그러고 보면 중국 고대 전설에 나오는 제왕 신농씨는 머리가 소머리였다. 우공태자처럼 태생은 고귀한 몸이지만 생김은 우직한 소와 같다. 하지만 농업의 신이자 의약의 신으로 숭배받았다.

우리 나라에서도 신라 시대 높은 벼슬에 각간, 대각간처럼 소뿔 모양을 본뜬 각角이 붙은 이름이 많았다. 그만큼 소는 귀한 영물이었고, 따라서 그런 영물을 하늘나라로 올리는 백정 또한 고귀할 수밖에 없다고 백정들은 마음 깊이 믿었던 것이다.

하지만 아무리 신화가 백정 손에 묻은 피를 닦아 주어도 현실은 여전히 가혹했다. 소 잡는 일이 신성한 의식이라 위안해도 생명을 빼앗는 백정이 설 곳은 그 어디에도 없었다. 만약에 있다면, 죽어서야 가능한 일이었다.

살아서는 천인, 죽어서야 양인 🌾

성종 때 일이다. 조정에서 전라도에서 활동하던 도적 장영기를 잡는 데 공을 세운 125명의 포상을 의논한다. 이때 3등급 포상자를 살펴보면 당시 백정이 어떤 위치에 있었는지 알 수 있다.

> "3등급은, 품계가 낮은 자는 계급을 올리고, 당상관은 어린 말 한 필을 주고, 향리와 공노비는 5년에 한하여 역을 면제하고, 중과 백정과 사노비는 면포 15필을 주게 하소서."
>
> 《조선왕조실록》 성종 1년 5월 26일

이른바 양인이라는 백정이 사노비와 같은 상을 받고, 공노비보다 오히려 못한 대접을 받은 것을 알 수 있다. 노비보다 못한 양민, 그것이 백정이었다. 그런데 우습게도 살아생전 이렇게 차별을 받다가도 죽으면 또 제대로 양민 대접을 받았다.

세종 때 노비와 백정이 싸움이 붙어 백정이 죽는 사건이 일어났다. 그러자 이런 판결이 내려온다.

> 형조에서 아뢰었다.
> "곡성 죄수 사노비 가구지가 백정 김구지를 죽였으니, 양민과 천민이 서로 구타한 법에 따라 참형에 처해야 하옵니다."
> 이에 그대로 따랐다.
>
> 《조선왕조실록》 세종 19년 9월 12일

여기서 양민이 백정 김구지고, 천민이 사노비 가구지다.

김구지고, 가구지고 둘 다 매읍산만큼이나 천민 이름인 건 같다. 가구지는 주로 노비 이름이었고, 김구지도 '구지'만 떼서 실구지, 석구지, 시구지, 강구지 하는 식으로 천민 이름에 많이 붙었다. 이름만 봐서는 누가 양민이고 누가 천민인지 도통 알 수가 없다. 이름도 천민이요 대접도 천민인데, 막상 죽고 나니 그제야 양민이라고 대접한 셈이다.

심지어 광주 사는 백정 질어리는 살아 있을 때조차 아예 대놓고 천민이 되어 노비처럼 부림을 당했다.

사헌부가 아뢰었다.

"사도시첨정 신한이 전에 광주목사로 있을 적에, 나주목사 봉사종이 광주 사는 백정 질어리 등 4명을 자기 노비로 삼으려 하였습니다. 신한은 사종의 친척으로 몰래 사종의 간교한 꾀를 들어주어 입안(立案, 허가서)을 만들어 준 일이 오래전부터 널리 퍼져 있었습니다. 신들이 그 입안을 가져다 보니 노비문서를 대조해 보지도 않고 다만 세도가에 빌붙은 질어리의 공술에만 의거하여 앞뒤가 없는 입안을 작성했으니, 법을 굽혀 사심을 이루고 '양민을 억눌러 천민을 만든 것'이 분명합니다." 《조선왕조실록》 중종 32년 7월 7일

백성을 감싸야 할 목민관이 도리어 백정들을 노비로 삼았다. 이른바 압량위천壓良爲賤, "양인을 억눌러서 강제로 천인을 삼는다"는

경우이다. 흔히 권문세족들이 불법으로 노비를 늘릴 때 많이 쓰는 수법이다. 하지만 이때에도 관청에 신고해 허가서인 '입안'을 받아야 하는데, 그 입안을 목사가 가짜로 내준 것으로 모자라 증인이랍시고 애꿎은 질어리를 내세웠다는 것이다.

결국 질어리는 양인이었건만 죄도 없이 노비가 되어 가짜 증언까지 해야 했다. 그야말로 대놓고 천민이 되었건만 제대로 하소연할 수조차 없었다. 일을 바로잡아야 할 목사가 앞장서 부정을 저질렀으니 대체 어디에 대고 무슨 말을 할까.

그래도 혹시 질어리가 억울함을 참지 못해 대들었다면? "나도 양인이란 말이오!" 외치며 거부했다면 어찌 되었을까. 그랬다면 이야기는 또 달라졌을 것이다. 감히 양반을 거역한 강상죄가 적용돼 그대로 관아에 끌려가 사형수가 되어도 대항할 방법이 없었다. 처음부터 질어리에게는 선택할 기회조차 없었던 것이다.

물론 사형수가 되어 죽을 때가 되면 드디어 또 다른 권리를 행사할 수 있다. 이른바 삼복계三覆啓이다.

삼복계란 억울한 이가 없도록 사형 죄인은 반드시 세 번 심사를 하는 제도를 말한다. 초복, 재복, 삼복을 거치는데 마지막에는 임금께 아뢰어 최종 판결을 받는다. 자칫 잘못된 심사로 죄 없는 자가 죽는 것을 막고자 하는 제도였다.

백정 또한 사형수가 되면 이 삼복계를 거쳤다. 살아서는 짐승보다 못한 취급을 받아도 죽을 때는 다른 이들처럼 공평하게 세 번 심사를 받을 수 있었던 것이다. 그래 봤자 소 잡은 자는 '참형', 양반에게 대든 강상죄는 '사형'이라는 대명률의 공식이 바뀌는 법은 그다지 없었겠지만 말이다.

살아서는 천인, 죽어서야 양인.

살아 더 낮을 곳 없는 천민인데 죽어 양민이 되는 것이 무슨 소용이 있을까. 그런데도 이 이중 가치는 백정의 삶에 아주 깊이 파고들어 권리는 없으면서 도리는 다 지키기를 바랐다.

충청도 청주에 오래된 효자비가 하나 있다.

길가에 있는데다 석재도 많이 닳았지만 '효자양수척지비孝子楊水尺之碑'라는 앞면의 글씨는 충분히 알아볼 수 있다. 이 효자비는 양수척, 곧 백정의 효자비인 것이다. 소행이 나쁜 양수척 삼 형제가 경대유라는 선비의 꾸짖음을 받고 마음을 고쳐서 인의를 잘 지키는 효자가 되었으니, 그것을 기리고자 세운 비라고 한다.

하지만 누각 안에 번듯하게 모셔져 있는 양반들 효자비와 달리 양수척효자비는 누각도 없이 길가에 내처 홀로 서 있다. 마치 셋방살이하듯 남의 집 담장 옆에 서서 빗물과 바람을 고스란히 맞은 채 비문의 글씨조차 닳아서 지워져 가는 모습이 왠지 서글픈 양수척의 운명을 말해 주는 듯하다. 지워진 비문 대신 자세한 내용은 개인 문집의 글을 옮겨 본다.

청주에 양수척 삼 형제가 살았다.

소행이 좋지 못하였는데, 경징군(경대유)이 어버이 섬기는 데 도리를 다한다는 소문을 듣고는 예전의 잘못을 버리고 밤낮으로 부모를 살피며 성실하게 자식의 도리를 지켰다. 부모상을 당하자 물 한 잔도 입에 대지 않았고, 여막에서 3년을 지내는 동안 술과 과일도 먹지 않았다. 상을 마친 뒤에는 삼 형제가 함께 살면서 기쁨을 누렸으며, 또한 서로 경계하며 말하였다.

"행여나 좋지 못한 행실이 있어 경 생원이 듣게 된다면 어찌 부끄럽지 않겠는가?"

남효온, 《추강집》 권7

과연 저것이 진정 백정의 효성을 칭송하는 이야기였을까. 예전에 서거정이 《태평한화골계전》에서 띠도 모르는 양수척의 무식을 대놓고 비웃었다면, 이제 남효온은 예의 바르게 돌려서 양수척에게 양반의 미덕까지 갖추기를 강제하는 듯하다.

실제로 저 이야기 어디에도 진짜 백정다운 모습이나 행동은 없다. 아무리 무식한 백정도 띠를 따져 아비보다 나이가 많다 우기지 않으며, 아무리 유식한 백정도 예의를 따져 양반의 범절을 흉내 내지 않는다. 그랬다가는 칭찬은커녕 백정 주제에 분수도 모른다고 몰매를 맞기 십상이었다.

아니, 애초에 가난한 백정 삼 형제가 아무 탈 없이 삼년상을 지낼 수나 있었을지 도리어 의문이 든다. 돈 있는 양반도 아니고 삼년상을 다하는 동안 대체 생계는 어찌 꾸렸을까.

무식해도 죄요, 유식해도 죄였다. 그저 백정인 것이 가장 큰 죄였다. 그 굴레는 너무나 커서 아무리 뛰어난 재주와 행운이 있어도 결코 넘어설 수 없을 것 같았다.

포도청 숙지당래, 굶는 장수 ⚡

당래는 백정이다. 날 때부터 힘이 셌고 누구보다 날쌔고 용감했다. 동생 미륵도 형만큼 힘이 셌다. 동네에서는 형제 장사가 났다고 난리가 났다. 그래 봤자 백정이라 평생 소만 잡다 끝날 줄 알았는데 이게 웬일, 덜컥 원종공신이 되었다.

당래 형제가 양반네만 올라가는 줄 알았던 공신 목록에 오르게 된 것은 순전히 중종반정 때문이다. 운이 좋게도 반정을 준비하던 박영창의 눈에 띄었던 것이다. 박영창은 당래와 미륵이 사는 김포현의 현령이다. 두 사람을 눈여겨본 박영창은 형제를 나란히 반란군에 추천했고 형제는 당연히 힘을 보탰다. 당래의 힘과 용맹이 웬만한 장수 몇을 거뜬히 넘겨 겨룰 자가 없었다. 결국 중종반정이 성공한 뒤에는 그 공으로 원종공신이 되었다. 그야말로 재주와 행운이 함께한 경우라 하겠다.

그래서 팔자가 피었느냐고? 아니다. "말도둑 잡고 보니 재백정, 강도 잡고 보니 화백정"이란 말이 씨가 됐는지, 무슨 일을 해도 제대로 공신 대접을 받지 못했다. 여전히 당래는 잡으면 반드시 강도일 뿐인 재백정이요, 화백정이었다.

"백정 당래와 미륵 형제가 원종공신에 올랐는데 그들은 날래고 용맹스럽기 짝이 없으며, 또 겁탈하는 일이 많아서 강도란 말을 듣습니다. 그리하여 숨고 나오지 않으면서 말하기를, '국가에서 죄를 풀고 포도장에 붙여 주면 도적들을 다 잡겠다!' 합니다. 신들의 생각으로는 이미 원종공신에 올렸으니, 죄를 풀어 주고 충찬위忠贊衛에 소속시키든지 아니면 포도대장 아래에 두어 도둑의 내막을 잘아는 것을 이용해 그들을 잡게 함이 어떻겠습니까?"

《조선왕조실록》 중종 2년 3월 28일

임금은 한마디로 대신들의 청을 거절한다.

"강도를 충찬위에 소속시켜 대궐 안에 섞이게 할 수는 없다!"

충찬위는 원종공신과 그 자손으로 조직된 군대이다. 군대라고는 하지만 실제로는 공신의 자손들에게 군역 혜택을 주려고 만든 특수 부대에 가까웠다. 그런데 자손도 아닌 원종공신 본인이건만 강도라는, 또는 백정이라는 껍데기는 당래 형제를 대궐에 발끝 하나 들여 놓지 못하게 했다. 임금은 다만 이렇게 덧붙였다.

"그저 포도청에 속하게 해 '숙지熟知'라 이름하여 도둑을 잡게 하는 것이 마땅하겠다."

그때부터 백정 당래는 포도청 숙지 당래가 되었다.

숙지.

무엇에 익숙하고 능하다는 말이다. 무엇에 능하냐면 바로 도적 잡기, 곧 백정 잡기다. 백정으로 백정을 잡게 하라. 앞서 많이 나왔던 말이 아닌가. 결국 듣도 보도 못한 포도청 숙지 벼슬은 통합을 내세워 통제를 하던 제민화 정책의 또 다른 변주에 지나지 않았다.

그렇게 원종공신에 이어 포도청 벼슬도 얻었지만 당래의 삶은 여전히 궁핍하기 짝이 없었다. 당장 먹을 것도 없는 나날이 이어졌다. 보다 못해 대신들이 나섰다.

"포도청 숙지 당래가 서울에 와 살고 있는데 살기가 매우 어렵습니다. 특별히 봉족 두 사람을 주어 양식을 장만하게 해 주소서. 또 폐주가 철거할 때에 지방의 재인과 백정들을 서울에 옮겨 살게 하였는데, 요새 명화적의 무리가 밤낮으로 들끓으니 본고장으로 다 되돌려 보내소서."　《조선왕조실록》 중종 2년 6월 3일

당래가 나오는 저 짧은 기록에는 백정 이야기가 무려 세 가지나 얽혀 있다.

첫째는 당연히 당래.

포도청 벼슬에 올랐건만 여전히 먹고살기도 힘든 백정의 처지가 뻔히 보인다. 원종공신에 오르는 공을 세우고도 얼마나 차별과 박대를 받았으면 끼니 걱정까지 해야 할까. 비슷한 시기에 백정의 사위였던 이장곤과 참으로 대조된다.

양반 장수 이장곤과 포도청 숙지 당래. 그 차이는 재주와 능력의 문제라기보다는 출신과 대우의 문제였다. 아무리 이장곤에 맞먹는 재주와 무공이 있어도 당래는 결코 이장곤처럼 장군이 되지 못한다. 그저 장군 같은 힘을 지닌 포졸에 그칠 뿐이다. 그의 재주가 모자라서가 아니라 그의 출신이 그렇게 만든 것이다.

둘째는 백정의 주인 안요경과 백정들.

저 기록에서 "폐주가 철거할 때"는 연산군이 서울에 사냥터를 만들고자 주변 30리 안에 있는 민가를 모두 강제 철거하던 때를 이른다. 민가 철거로 벼슬을 시작해 연산군의 총애를 받았던 안요경이 자연스럽게 떠오른다.

그리고 안요경이 그토록 목맸던 권력에 의해 억지로 옮겨진 재인과 백정들도 빼놓을 수 없다. 멀쩡한 양민들 집은 철거해 놓고 다른 지방 백정들은 또 강제로 옮겨 와 살게 하였다. 순전히 권력의 편의를 위해서 그런 것이니, 그 조치에는 백성도 없고 또한 백정도 없다.

셋째는 강음현 도적떼와 살곶이 목장.

억지로 옮겨 올 때는 언제고 이제 와서 "명화적의 무리가 밤낮으로 들끓으니" 백정을 본고장으로 돌려보내라고 한다. 왜? 도적이 들끓는데 왜 도적은 잡지 않고 애꿎은 백정들만 도로 보내라고 할까? 그 도적이 바로 백정들이라고 확신하기 때문이다. 그래서 백정들을 서울에서 멀리 떨어진 고장으로 보내 도적떼로부터 입을 화를 잠재우겠다는 것이다. 멀리 보내거나 낱낱이 흩어뜨리거나, 그 운명은 조금도 바뀌지 않았다.

그리고 당래는 강음현 도적떼의 전철을 그대로 밟는다. 포도청에 다니는데도 살길이 너무 막막해 포도청 숙지가 된 지 고작 2년 만에 정말로 다시 강도가 되는 것이다. 그리고 상관이었던 포도대장의 손에 붙잡힌다.

포도대장 전림이 강도 당래 등 23인을 김포에서 잡아와 아뢰었다.

이에 임금이 술을 내리게 하였다.　　　　《조선왕조실록》 중종 4년 2월 1일

그리고 이튿날 바로 원종공신의 이름마저 빼앗긴다.

강도 당래가 받았던 원종공신의 공을 삭탈하도록 명하였다.

《조선왕조실록》 중종 4년 2월 2일

그렇게 아주 짧은 순간 원종공신이요, 포도청 숙지였던 당래는 모든 꿈이 박살 나 바닥으로 떨어진다. 그리고 반정으로 공신이 된 형제는 이제 역모의 동조자로 남들의 입에 오르내리는 딱한 처지가 되고 만다.

미륵과 당래가 없는데 어찌하느냐

당래가 공신에서 떨어진 그해 10월, 신창령 이흔 역모 사건이 일어난다. 종친인 신창령 이흔, 정송수 이석손, 의산령 이윤 들에 박영문, 심정, 황형 등 16인이 연루된 역모 사건이었다. 이때 거사를 의논하는 데 마치 오늘날 폭력배의 '행동대장'처럼 계속 거론되는 인물이 바로 미륵과 당래다.

"신이 의아스러워 흔(訢, 이흔)에게 물으니, 흔이 '숙질간에 무슨

일을 숨기겠는가? 박영문과 모의하기를…… 임금을 폐위하고 완원군을 세우기로 하였다' 하였습니다.

신이 '박영문에게 미륵과 당래가 없는데 어떻게 일을 해낼 수 있느냐?' 하니, 흔이 '미륵과 당래는 없어도 박영문이 지금 거느리고 있는 사납고 날랜 장수 중에 미륵, 당래보다 나은 사람이 서너 명이나 된다' 하였습니다. 신이 그날 바로 아뢰고 싶었지만 자세히 알 수 없었기에 마음처럼 못 하였습니다."

《조선왕조실록》 중종 4년 10월 28일

같은 이야기가 주모자들 국문을 할 때마다 나온다. 반정 당시 형제가 얼마나 큰 활약을 했으면 거듭해서 "미륵과 당래가 없는데 어떻게 일을 해낼 수 있느냐?" 하는 질문들을 서로 할까.

"상산령이 신에게 묻기를, '지금 미륵, 당래가 없는데 어떻게 하느냐?' 하기에, 신이 대답하기를 '김희라는 자가 분수원 근처에 사는데, 능히 짐승을 쏘아 잡아 미륵과 당래 같은 것보다도 낫다' 하였습니다."

《조선왕조실록》 중종 4년 10월 29일

말로는 미륵과 당래 같은 것보다 낫다고 하지만 계속 이름이 나오는 것은 그만큼 형제가 아쉬웠다는 뜻이다. 그만한 장수를 찾지 못했기에 도리어 미련을 갖고 자꾸 언급하는 것이다.

이 모반 사건은 신창령 이흔을 참하고 관련자들을 엄벌에 처하며 끝이 난다. 형제는 이름만 거론됐을 뿐 실제로는 별 연관이 없었는지 처벌 대상자에는 오르지 않았다. 어쨌거나 조정에서 저리 자주 "미륵과 당래가 없는데 어찌하느냐?" 하는 말이 나올 만큼 용맹하고 날랜 장수가 바로 이들 형제였던 것이다.

그 뒤 실록에는 당래 형제의 이야기가 더는 나오지 않는다. 하지만 짐작은 할 수 있겠다. 공신일 때도 배를 주리고 강도 취급을 받았는데 공신 자리를 잃고 역모에 이름까지 거론된 백정의 처지가 얼마나 고되고 힘들었을까. 결국 당래는 그 뛰어난 힘과 재주를 가지고도 고작 백정이라는 울타리 하나 넘지 못했다.

아마 굳이 그 울타리를 넘어선 사람을 꼽자면 다른 이가 먼저 떠오를 것이다. 명종 때 나라를 뒤흔들었던 의적 임꺽정이다.

힘과 용맹으로 따지자면 백정 대표로 당래보다는 임꺽정이 나와야 맞을 것이다. 고리백정의 아들로 태어나 황해도와 경기도를 주름잡았던 호쾌한 의적, 그야말로 걸쭉하고 매력 넘치는 명화적 사내 임꺽정. 벽초 홍명희가 쓴 소설 《임꺽정》에는 그 모습이 생생하게 잘 나와 있다.

하지만 소설에서도 임꺽정이 실제 백정처럼 가축을 도살하거나 고리를 짜는 모습은 거의 보이지 않는다. 그저 밑바닥 출신이라는 상징처럼 백정 아들이라는 배경이 나올 뿐이다. 그래서 벽초 연구자들도 임꺽정이 백정 출신으로 설정된 것은 "순전히 정치적 장치"라고 보는 경우가 많다. 그저 출신으로 민중을 상징할 뿐 실제 백정의 삶을 살았다고 보기는 어렵다는 것이다. 그런 점에서 오히려 백정이어서 재주가 묻힌 당래 쪽이 좀 더 대표성을 띤다 하겠다.

그랬다. 당래는 백정이었다.

날 때부터 힘이 셌고, 누구보다 날쌔고 용감했다. 그래서 천한 백정으로 태어났어도 오로지 몸뚱이 하나만으로 원종공신이 되었다. 포도청 벼슬도 하였다. 그런데도 여전히 밥도 먹기 힘들 만큼 지독한 가난과 차별에 시달렸다. 결국 굶주리다 못해 다시 도적이 되었고, 알량한 숙지 벼슬과 공신 자리도 빼앗겼다. 아무리 낮아도 진짜 평민이었다면 그렇게까지 되지는 않았을 것이다.

하지만 당래는 백정이었다. 낮아지고 또 낮아지던 때의 천한 백정. 그러니 당래에게 포도청 벼슬이란 언감생심 잠깐 빛났다 사라지는 한여름의 무지개 같은 것이었으리라. 그런데도 어찌 그 이름이 찬란한 당래일까. 동생 이름은 또 어찌 고귀한 미륵일까.

당래는 불교에서 미래, 또는 내세를 뜻하는 말이다. 미륵 또한 내세의 부처, 곧 '보살'을 뜻한다. 힘겨운 현세를 지나 찬란한 미래를 뜻하는 당래와, 그 미래의 자애롭고 공평한 부처를 뜻하는 미륵.

당래와 미륵. 미래와 보살.

어찌하여 당래의 어미아비는 그런 귀한 이름을 자식에게 붙였을까. 차마 자신들이 이루지 못했던 바람을 온전히 자식들 이름에라도 담고 싶었던 것일까. 아마도 그들은 현세에는 더는 아무런 꿈도 희망도 없음을 알았을 것이다. 그러니 그저 바랄 뿐. 자식들 이름에 미래 부처의 이름을 붙이며 사람이 사람으로 대접받는 평등한 세상을 간절히 바라고 사무치게 빌어 볼 뿐이었다.

부디 그 미래에는 백정 아닌 '사람'으로 태어나 사람으로 살 수 있게 해 주소서. 그저 사람으로만 살게 해 주소서. 비나이다, 비나이다, 당래 보살님, 미륵 부처님……

백정으로서는 가장 높은 자리에 올랐으나 끝끝내 백정의 배고픔과 차별을 피할 수 없었던 당래와 미륵. 그래서 끝없이 미래를, 미래의 부처를 꿈꿀 수밖에 없었던 형제. 세상이 이 용맹한 형제에게 조금만 공평했더라면 부처의 이름을 가진 형제는 아마 다른 운명을 맞았을 것이다. 그러나 백정은 누구든 다 도적이라고 믿는 세상에서 형제가 갈 곳은 어디에도 없었다.

하지만 꿈은, 꿈꾸는 동안에는 삶을 이끄는 희망이 되고, 그렇게 꺾이지 않은 희망은 언젠가는 찬란한 불꽃으로 피어나기 마련이다. 그리고 이제 그 미래가, 백정들 스스로 만드는 미래가 아주 가까이에 와 있었다. 뛰어난 장수 당래와 미륵이 아니라 아주 평범한 백성인 당래들, 미륵이들이 모여 함께 만드는 세상이, 아름답고 공평한 미륵 세상이 이제 곧, 아주 가까이에 다가오고 있었다.

서서히 태풍이 불어오기 시작했다.

남문 밖 길 아래 백정마을

천민의 삶을 적는 데 인색하기 짝이 없는 기록 가운데 아주 열심히, 단 한 명도 놓치지 않겠다는 듯 꼼꼼히 적어 두는 서류가 있다.

바로 호적이다.

백정은 본디 부역이 없어 호적도 없었는데, 1423년 세종이 백정이라는 이름을 내리면서 비로소 호적에 오르기 시작한다. 물론 이때 호적이 백정을 위해서 작성된 것은 아니었다. 떠도는 백정을 장부에 올려 새롭게 부역과 공물을 지우기 위한 수단이었을 뿐이다.

어쨌거나 그리하여 백정의 삶을 살펴볼 수 있는 중요한 호적들이 남게 되는데, 그중에 두 자료가 눈에 띈다. 하나는 1528년 경상도 안동부 주촌의 가호를 기록한《주촌호적》이고, 또 하나는 19세기 대구부 호구들의 가계를 정리한《대구부호구장적》이다.

《주촌호적》은 제민화 정책이 나름 성과를 거두고 있던 중종 23년(1528), 경상도 주촌에서 작성된 호적부 단편으로 여기에 백정 4대의 가계가 올라와 있다. 이들은 주로 세종 때 신백정으로 호적에 올라 중종 때 일가를 이루며 기록에 남았다. 이를 통해 당시 백정들의 가계 변천과 함께 백정들이 어떻게 서서히 제민화, 또는 천민화되었는가 하는 과정도 알아볼 수 있다.

이를테면 이름만 봐도 그렇다. 본디 신백정은 양인이라 성과 이름을 다 가질 수 있었다. 성이 있느냐 없느냐가 양천을 가르는 중요한 기준이기도 했다. 하지만 초기에는 이영기, 이산 하는 식으로 나오던 이름이 나중에는 복룡, 감지처럼 성이 빠진 채 이름만 나오기 시작한다.

이름도 처음에는 평범한 양민 이름 같더니 세대를 거듭하면서 점점 노비나 천민 같은 이름이 늘어난다. 붉은 똥을 뜻하는 주시朱屎부터 막똥이, 우아지, 어을비, 두다비, 말더듬이를 뜻하는 '눌질'이 붙은 눌질산과 눌질덕, 떡을 뜻하는 막덕이, 예덕이도 있었다. 이름만 봐도 세종 때에는 그나마 성을 갖춘 양인이었던 처지가 점점 내려와 중종 때 크게 열악해졌음을 알 수 있다.

게다가 《주촌호적》에 나오는 백정 부부의 관계를 살펴보면 그 열악함이 더 잘 드러난다. 처음에는 서너 살 나이 차가 나던 부부가 나중에는 10살, 12살, 14살씩이나 차이가 크게 나는 것이다.

심지어 목단(여)과 청금(남) 부부는 신백정으로 양인인 목단이 노비인 데다 10살이나 연상인 청금과 혼인한 것으로 나온다. 엄청난 나이 차에 양인과 천민이라는 신분의 벽도 가뿐히 뛰어넘었다. 이장곤과 백정 처자 설화의 거꾸로 판형이라 볼 수도 있겠으나, 사실은 제민화 정책이 진행되면서 노비와 혼인할 만큼 점점 몰락해가는 신백정의 처지를 고스란히 보여 주는 예라 하겠다.

이 모든 지표가 가리키는 것은 딱 하나다. 《주촌호적》을 연구한 논문에서는 이런 결론을 내린다.

"《주촌호적》에 기재된 인물들의 사회적 위상을 살피면 사족 →
양인 → 노비 → 신백정의 방향으로 낮아진다."

성을 가졌던 사족과 양인에서, 천한 노비가 되더니, 급기야는 가장 밑바닥 신백정이 되었다. 노비보다도 더 낮은 위치에 신백정을 두었다는 것에서 당시 백정의 처참한 처지를 짐작할 수 있다.

그리고 《주촌호적》과 200여 년의 차이를 두고 《대구부호구장적》이 있다. 이 호적부에는 영조 14년(1738)부터 고종 13년(1876)까지

140여 년에 걸쳐 대구부 서상면 노하리 백정마을에 살았던 백정들 호적이 나온다.

노하리 백정마을이 언제 생겼는지는 정확하지 않다. 다만 마을을 설명할 때 '남문 밖', '남성 밖'이라는 표기가 있고 '노하路下'라는 마을 이름으로 미루어 길 아래 저지대에 있었던 것으로 짐작된다. 성읍에서 멀리 떨어진 남문 밖 저지대, 쓸모도 없는 버려진 땅. 백정들은 그런 곳에서 살 수밖에 없었다.

'오가작통법'은 다섯 가구를 한 통으로 묶는 조선 시대 호적 제도인데, 이 오가작통법 사목에도 백정의 거취가 나온다. 냇가에 사는 고리백정을 떠돌이로 파악해 이 '온전치 못한' 무리들을 마지못해 통 안에 받아들인다는 식으로 적은 기록이다.

1. 떠돌이 무리에 장인을 업으로 삼는 이로는 두메산골에 수철장과 마조장이 있고, 갯가와 늪에는 버들고리를 만드는 장인이 있는데, 모두 옮기는 것이 일정치 않고 행동거지도 온전치 못하다. 허나 이미 남녀 가구를 갖추었으므로 여러 사람을 따라 통을 만들지 않을 수 없다. 《조선왕조실록》 숙종 1년 9월 26일

수철장은 무쇠를 다루는 장인을, 마조장은 연자매를 만드는 장인을 가리킨다. 거기에 버들고리 장인인 백정까지, 모두 뛰어난 기술이 있는데도 행동거지가 온전치 못한 떠돌이 취급을 받고 있다. 그래서 사는 곳조차 평민들은 잘 가지도 않는 깊디깊은 두메산골과

척박한 갯가와 늪이다.

더 나아가《경국대전》'재백정단취' 조에는 "재인, 백정들을 모두 찾아내어 각 방과 각 촌에 나누어 보호한다" 하며 백정의 거취를 아예 법으로 정해 놓았다. 보호라는 명목 아래 백정을 가장 후미진 갯가나 산골에 붙박여 살게 한 것이다. 보호가 아니라 속박이고 감시에 가까웠다.

이들은 호적도 미묘하게 양민과 달랐다.

본디 호적에는 이름과 나이, 직역, 본관, 동거인 같은 것이 함께 올라가야 한다. 백정들 호적도 마찬가지다. 하지만 4대조까지 적는 것이 원칙인 선조의 이름이 노하리 백정들은 4대조는커녕 2대, 3대까지만 겨우 적혀 있거나 직역도 거의 올라와 있지 않았다. 그나마도 19세기 중반부터는 점점 없어지고 철종, 고종 때를 지나면서는 본관도 아예 기재되지 않는다. 조상의 이름이나 본관도 잘 모를 만큼 뿌리 없이 천대받는 삶을 살았다는 뜻이다.

이름에도 천하다 여기는 글자가 많이 들어갔다. 짐승이나 돌, 금속, 똥, 순서 같은 뜻을 지닌 글자들이 많아서 걸이, 걸걸이, 차걸이, 걸금(돌쇠), 똥이, 시개(똥개), 강아지, 도야지, 소근개(작은개), 마당개, 개조지, 개질동(개똥) 같은 이름이 줄줄이 눈에 띈다. 이때쯤 이미 백정은 인仁, 의義, 효孝, 충忠 같은 고상하고 좋은 뜻의 글자는 아예 이름에 쓸 수가 없었다.

그나마 남자들은 나았다. 여자들은 심지어 그런 이름조차 없이 '성+조시(조이)' 조합으로만 나온다. 흔히 노비 이름을 적을 때 아무개 대신에 쓰는 말이 남자는 '악지岳只'고 여자는 '조시助是'다.

그러니 조시란 그야말로 아무 뜻도 없는 진짜 아무개란 말이다. 거기에 대충 붙인 흔하디흔한 김씨나 이씨 성은 또 무슨 의미가 있을까. 그것만으로는 아무것도 알 수 없다. 백정 여자들은 저 낮은 와중에도 백정 남자보다도 더욱 낮아서 하찮은 이름조차 없었다.

거기다 호적부에 드나드는 가구 수를 살펴보면 유동 인구가 대단히 많았다. 정착해 잘 사는 호구는 꾸준히 줄어들고 외부에서 들어오거나 이사해 나가는 호구는 꾸준히 늘었다. 그만큼 백정들 가계가 불안하고 안정되지 못했다는 뜻이다. 백정들은 오가작통법 조목에서 보듯 "옮기는 것이 일정치 않고 행동거지가 온전치 못한" 떠돌이 무리로 취급받았다.

하지만 행동이 온전치 못하다는 판단은 어디서 오는가? 과연 그것이 백정을 제대로 들여다보고 판단한 말이었을까. 그저 대충 어림잡은 편견이나 선입견은 아니었을까? 백정은 결코 온전치 못하지도, 그들 말처럼 "가장 양심이 없는" 무리도 아니었다. 왜곡되고 억눌린 기록일지라도 그 기록에 남아 있는 이들 모두 저마다 열심히 자신들의 삶을 살았다.

개질동이나 어을비도, 걸걸이나 도야지나 마당개도, 막덕이나 눌질산도 모두 다 그러했다. 그들은 천한 백정이지만 또한 동시에 귀한 사람이었다. 그러므로 그들의 이름 또한 마음껏 불러 마땅한 소중하고 귀한 이름들이었다.

여섯 번째 백정

개질동아, 도야지야, 막떡이야, 눌질산아

앞서 살폈듯 백정이 천민 굴레에 고정되었던 것은 권력의 탐욕이나 신분제의 한계, 왜곡된 가치관 같은 것들 때문이었다. 하지만 억누르는 힘이 강해지면 언젠가 홍화도와 운중도의 양수척이 그러했듯 "창을 거꾸로 드는" 기질 또한 더욱 강해지기 마련이다. 다음 글에 억울하게 사형수로 붙잡혀 온 백정들의 항거가 잘 나와 있다.

윤구종이 대역죄에 걸려 사형을 당하게 되었다. 망나니 일은 으레 사형수가 하는데, 마침 그때 사형수가 죽자 대신 망나니로 쓰려고 백정 6명을 데려다 가두어 두었다. 그러다 윤구종이 지레 죽자 백정들을 다시 풀어 주니, 그들이 곧바로 남산에 올라가 봉화를 올려 고의로 죄를 범하면서까지 억울함을 호소하였다.

임금이 군대에 명해 훈련일을 기다려 백정들을 심하게 매질하게 하고는 외딴 섬 노비로 보냈다. 그러자 많은 백정들이 술과 고기를 가지고 백사장에 모여 전송하였다. 그 수가 거의 500명이나 되었다. 그러니 어찌 두렵지 않겠는가? 　　성대중, 《청성잡기》 권4

망나니 역할을 하던 사형수가 죽자 백정을 6명이나 억지로 데려다 가두고는 대신 망나니가 되라 강압했다는 것이다. 그 와중에 죄수가 집행일 전에 죽자 또 아무 일 없었다는 듯 도로 풀어 준다. 그러니 어찌 억울하지 않을까. 졸지에 곤욕을 치르고 사람의 목을 벨

뻔했던 백정들이 봉화를 올리며 억울함을 호소한다.

조선 시대에 함부로 봉화를 올리는 것은 아주 큰 죄에 들었다. 그런데도 봉화를 올렸다는 것은 그만큼 억울함이 컸다는 뜻이고, 그런 극단인 방법 말고는 호소할 수단이 없었다는 뜻이기도 했다.

하지만 법은 관아의 편을 들었고, 백정들은 억울함을 풀기는커녕 외딴 섬으로 끌려가는 벌을 받는다. 그래도 아주 외롭지만은 않다. 무려 '500명'이나 되는 동료 백정들이 음식을 싸들고 백사장까지 나와 배웅해 주었기 때문이다. 아마도 개질동이니, 막동이니 눌질산 같은 이들이 와르르 몰려와 주었을 것이다.

비슷한 일이 《청성잡기》에 하나 더 나온다.

문경의 공고工庫에 속한 종이 백정을 때렸는데, 이에 백정이 죽자 재판을 해 종을 사형시키려 하였다. 그러자 관아에서 종의 편을 들까 염려한 온 군내의 백정들이 소매를 걷어붙이고 칼날을 세우고 몰려왔다. 그리고 마치 자신들의 원수를 갚듯이 기어이 직접 종의 사지를 갈가리 찢어 버리겠다고 관문에서 시끄럽게 굴었다. 이에 관아에서 간곡히 타이르니 그제야 돌아갔다.

공노비가 백정을 때려죽였다. 얼핏 김구지와 가구지 사건이 떠오른다. 여전히 노비보다 못한 것이 백정의 처지인데, 이번에는 얌전히 참지 않았다. 온 군내의 백정들이 "소매를 걷어붙이고 칼날을 세우고 몰려와" 재판을 공정히 하라고 집단행동을 한 것이다. 관아에서 간곡히 타일러서야 진정되었다니 만만치 않은 시위였겠다.

게다가 칼날을 휘두르고 사지를 찢겠다 시위하는 모습에서 스스로 짐승 잡는 자들임을 숨기지도 않는다. 그것이 어떤 위협으로 다가갈지 알고 있는 것이다. 그래서 백정답게 한껏 힘을 드러내고, 관청에서도 알아서 먼저 숙이고 들어온다. 죄 없는 백정을 벌할 때는 군대 힘까지 빌리더니, 막상 모여서 칼날을 들고 시위를 하자 도리어 몸을 낮춰 "간곡히 타이르는" 것이다.

만약에 윤구종 사건 때도 백정들이 모여서 배웅만 하지 않고 저처럼 칼날을 드러내고 시위했다면 어찌 됐을까? 어쩌면 처벌을 멈추고 타이르고 달래며 다른 판결을 내리지는 않았을까.

이제껏 백정은 천해서 언제든 손쉽게 부릴 수 있고, 그런데도 뒤탈은 없는 최하층 버림받은 집단으로 여겨졌다. 무작정 감옥에 끌어와 사형수를 대신하게 할 만큼 만만하고 쉬운 일손이었다. 하지만 이제 백정도 더는 참지 않았다. 아주 조금씩나마 함께 싸우고 함께 나아가는 법을 익히기 시작한 것이다.

비슷한 기록은 또 있다.

지방의 부상청, 고공청, 화랑, 재인, 역촌, 백정촌 부류가 서로 단합해 곳곳에서 봉기하여 사사로이 법령을 집행하고, 마을에서 판을 치고 고을에서 권세를 부리며 힘으로 지방 장관을 굴복시키곤 한다.

최성환, 《고문비략》 권4

부상청은 등짐장수를, 고공청은 품팔이꾼 무리를 가리킨다. 거기에 재인과 백정까지 더하면 모두 이른바 '하층민'들이다. 그래서 늘 당하기만 했던 그들이 이제는 "곳곳에서 봉기하여" 스스로 주장을 하기 시작한다. 그렇게 서로 '단합'하여 판을 짜면 지방 장관도 굴복시킬 수 있기 때문이다.

저 세 가지 기록에는 단 한 사람도 이름이 나오지 않는다. 그저 '500명'이니 '군내의 백정들', '백정촌 부류' 하는 식으로 표기될 뿐이다. 하지만 그 500명이 단합하면, 군내의 백정들과 그 부류가 힘을 합하면 실로 놀라운 변화를 가져올 수 있었다. 잘나고 힘센 당래나 미륵, 그런 혼자만 강한 한두 명만으로는 결코 할 수 없었던 일을 500명이 모이면, 같은 부류가 모이면, 군내 사람들이 모두 다 모이면 확실히 해낼 수 있었던 것이다.

그렇게 그들은 살아 있었다. 그렇게 저항하고 있었다.

때로는 아주 작은 것에서도 저항의 흔적을 찾아볼 수 있다. 소싸움 축제로 유명한 경상도 청도에는 '야손과 예손 고기'라는 이야기가 전해 내려온다.

이야기는 단순하다. 두 사람이 고기를 사러 고깃간에 갔는데, 한 사람은 "주십시오" 하고 높임말로 주문했고, 한 사람은 "줘!" 하고 반말로 주문했다. 그랬더니 건네는 고깃덩어리가 확 차이가 났으니 까닭은 딱 하나, 반말 '야'와 높임말 '예'의 차이 때문이다.

"그래 고기, 저 저게 둘이가 고기 사러 가봐 놓이께네.

그래, '고기 한 근 주소' 카는 고기는 (크게) 이만~땅하고. 저게, '고기 한 근 도고(줘)!' 캤는 고기는 (작게) 요만~땅 하거든. 그래 놓으이, 저게 사람이 고기가 똑같은 돈 주고 샀는데, 자기 꺼는 작고 이 사람 꺼는 크거든. 그래가주고 백정자테(한테),

'야, 이놈아, 고기가 내 고기는, 돈을 많이 줘고 똑같이 줬는데 와 이래 반도 안 되노? 이놈! 더 내 놔라' 카이.

'요거는 야손을 가 끊었기 때문에 그렇고. 이거는 예손으로 가 끊었기 때문에 많다' 이기라. 으히히히히."

'야손과 예손 고기', 《구비문학대계》, 경상도 청도군 금천면 설화

잘난 척하는 야손 '놈'과 겸손하게 대하는 예손 '분'을 대하는 온도 차가 아주 크다. 이렇듯 백정이라고 마냥 당하고만 있지는 않았다. 함부로 무시하고 비웃는 저들에게 백정다운 방법으로 따끔하게 일침을 놓아 주기도 했다. 아마도 '군내의 백정들'인 돌쇠와 도야지와 소근개 같은 이들이 그러지 않았을까.

백정들만 쓰는 '변말(은어)' 가운데 자기네를 멸시하고 모욕하는 일반인을 일컫는 말이 있다. 바로 새우절이, 지게꼬리, 딸꾹질 같은 말이다.

새우절이 : 새우처럼 팔딱팔딱 뛰어 봤자 소금으로 절이면 맥도 못 춘다는 뜻.

지게꼬리 : 지게꼬리만큼도 못한 것들이 우쭐거린다는 뜻.

딸꾹질 : 아무리 백정들을 모욕해도 딸꾹질 소리로밖에 들리지 않
는다는 뜻.

저 변말을 쓰면 지게꼬리 주제에 백정들을 무시하고 잘난 척하는 못난이들을 흔쾌히 비웃어 줄 수 있었다.

"아유, 귀한 새우절이 오셨습니까."

"오늘도 여전히 지게꼬리가 멋지네요."

"아까부터 자꾸 딸꾹질 소리가 들리네."

뜻도 모르는 이들은 백정들의 변말을 들으며 그냥 가볍게 따라 웃지 않았을까. 백정들이 남몰래 통쾌한 웃음을 짓는 것도 모르는 채 말이다. 그렇게 '백정촌 부류'인 막떡이와 강아지와 걸걸이가 시원하게 웃었으리라.

《조선왕조실록》에 나오는 백정의 마지막 기록은 고종 35년(1898) 12월, 어느 저잣거리를 묘사하는 상소에서다. 이날 기록이 의미가 있는 것은 마지막이라서가 아니라, 왕조 내내 억압받던 이들이 그렇지 않은 모습을 대담하게 드러내기 때문이다.

상소의 주된 내용 또한 백성들이 함께 모여 이야기를 나누는 '민회民會'를 가리키면서 그것이 얼마나 위험한 것인지 열심히 성토하고 있다. 그 민회를 구성하는 대다수가 바로 팔반사천, 세상에서 가장 천하다 일컬어지는 천민 부류이기 때문이다.

"대저 이른바 민회라는…… 이 놀랍고 무서운 일과 위태롭고 두

려운 기미에 대해서 지금 낱낱이 다 열거할 수는 없지만, 그 가운데 가장 두드러진 것을 말해 보겠습니다.

이들은 처음에는 머리를 흔들고 눈알을 굴리면서 서로 모여서 이야기하더니, 그런 일이 차츰 계속되다가 나중에는 눈썹을 곤두세우고 소매를 걷어 올리고는 공공연히 고함을 지르는데, 그 형세가 점차 확대되어 막을 수가 없습니다. 심지어는 대궐문에서 떠들어 대고 네거리에서 모임을 가지며 앞뒤에서 서로 소리로 화답하면서 수백, 수천 명이 무리를 이루니 **장사치, 기녀, 승려, 백정**들까지 와자지껄 모여들어 빙 둘러싸고…… 마치 강한 이웃 나라의 사나운 적이 힘으로 맹약을 요구하듯이 승인을 요청하였습니다. 이는 진실로 만고에 없던 변고입니다." 《조선왕조실록》 고종 35년 12월 9일

백성들이 모이는 민회를 두고 "놀랍고 무섭고 위태로운 일"이요, "진실로 만고에 없던 변고"라고 치를 떠는 모습이 왠지 안쓰럽게 느껴진다. 거기에 견주어 백성들의 모습은 거침없고 당당하다. 특히나 늘 외따로 숨어서, 남문 밖 길 아래 저지대에서만 지내던 백정들까지 다 저 민회에 나와 있다. 그것도 앞서 문경의 백정들이 그러했듯 "눈썹을 곤두세우고 소매를 걷어 올리고" 재살꾼 속성을 조금도 숨기지 않고 말이다.

그렇게 모인 힘은 마치 "강한 이웃 나라의 사나운 적이 힘으로 맹약을 요구하듯" 당당해서 저 고귀한 임금과 양반들조차 도리어 두려워하고 물러서게 한다. 그렇게 백성의 뜻을 관철하는 것이다.

대체 어떻게 그럴 수 있었을까? 답은 하나다. 모두 함께 모여 있으니까. 하나가 아니라 여럿이고, 혼자가 아니라 수백, 수천 명이니까. 그렇게 여럿이 함께 모인 것이 민회, 바로 백성들의 모임이니까 가능한 것이다.

그렇게 '500명' 가운데 개질동이가, 막동이가, 눌질산이 함께 있었다. '군내의 백정들' 돌쇠와 도야지와 소근개도, '백정촌 부류'인 막떡이와 강아지와 걸걸이도 모두 다 함께였을 것이다. 그들이야말로 다 이 시대를 대표하는 백정들이라 일컬어도 모자람이 없다.

앞서 백정 부류의 저항을 적었던 《청성잡기》는 마지막으로 백정을 두고 이런 결론을 내린다.

"우리 나라에서 가장 천한 자는 백정이다. 그렇지만 가장 두려워할 만한 자도 백정이니, 그들이 가장 천하기 때문이다."

가장 천하기에 가장 두려운 자, 그것이 백정이었다.

그러므로 천하다는 것은 절대 말뜻 그대로 천한 것이 아니다. 천한데 어찌 두려울까. 약한데 강하다거나, 힘없는데 힘세다거나 하는 것과 같은 헛소리다. 두려울 만하니까 두려워하는 것이고, 무서울 만하니까 무서워하는 것이다.

백정 낱낱이는 여전히 천하다 무시하면서도 그 낱낱이 하나로 뭉칠 때 얼마나 큰 힘이 되는지 직접 겪었기 때문이다. 그래서 소고기에 이중 가치관을 씌웠듯 백정에게 "천해서 그렇다"하며 또다시 거짓 가치관을 씌우려는 것이다.

가장 천해서 가장 무서운 자.

그 무서운 바람이 뜨겁게 일어나고 있었다. 이름조차 없이 '500명'
이니, '백정촌 부류'니, '군내의 백정들'이니 하고 불렸던, 마치 사
람도 아닌 것처럼 호적에 강아지, 망아지, 송아지로 적혔던 도야지
와 말생이와 구덕이들이 마침내 뜨겁게 일어서기 시작한 것이다.

새로운 개혁의 바람이 불어오고 있었다. ◎

가장 천해서 가장 무서운 자

가장 천하기에 가장 무서운 자. 그렇다. 얼마나 무서울까. 천하다지만 스스로 그 천함에서 해방되었고, 세상 사람 모두가 함께하는 화평세상을 꿈꾸며, 그런 세상을 위해 자신의 고통을 덮고 다른 이에게 손 내미는 자. 얼마나 무섭고 또 얼마나 아름다운가.

세운 지 500년이 지난 조선은 서서히 스러지고 있었다.

마지막 부흥기라 할 영정조 시대가 지나가자 조선은 세도정치와 부패로 얼룩지기 시작했다. 왕조는 흔들렸고, 민중은 변화를 꿈꿨으며, 바다 건너 일본과 서구 열강은 호시탐탐 조선을 노렸다. 이에 새로운 개혁의 불길도 함께 일어났다.

1894년 일어난 갑오개혁은 처음에는 갑오경장이라 불렸다.

"묵은 것을 고쳐 새롭게 한다"는 뜻의 '경장'에서 "근본부터 뜯어고쳐 바꾼다"는 뜻의 '개혁'으로 이름이 바뀐 것은 그만큼 잘못은 근본부터 고쳐야 제대로 바꿀 수 있음을 말하는 것이리라. 비록 일본의 힘을 빌렸다는 한계가 있었지만, 갑오개혁에 저 '근본부터' 고치려는 변화가 일어날 수 있었던 데에는 같은 해 일어난 동학농민혁명의 영향이 가장 컸음을 짚지 않을 수 없다.

1894년 봄, 전라도 고부에서 시작된 동학농민혁명은 조선이라는 나라를 송두리째 흔들어 놓았다. 농민군은 '폐정 개혁'을 내걸고 "사람이 곧 하늘이다"는 인내천 사상을 바탕으로 대대적인 사회 개혁안을 요구하였다. 그 안에는 절대 불가능할 것 같았던 노비 문서를 없앨 것과, 천민의 대우를 개선할 것, 과부의 재가를 허가하고, 백정 머리에 있는 평양립(패랭이)를 없애라는 주장까지 들어 있었다. 비록 혁명의 불꽃은 끝까지 타오르지 못했지만 그 뜻만은 고스란히 남아 갑오개혁으로 이어졌다.

갑오개혁에서 가장 중요한 내용은 신분제의 폐지였다. 이 개혁을 통해 수천 년 동안 이어진 신분제가 공식적으로 사라졌다. 양반이니 상놈이니 하는 반상의 구분도 사라졌고, 노비를 사고파는 장사도 금지되었다. 백정 또한 마찬가지였다. 백정은 이제 더는 천한 밑바닥 도살자가 아니었다.

아니었다.

법으로는.

관습으로는, 조금도 달라지지 않았다. 짐승의 생명을 빼앗는 자. 그 문장에서 "짐승의 생명을 빼앗는"이라는 재살의 굴레가 사라졌어도 여전히 '자', 사람은 남았다. 여전히 실제 관습과 생활에서 백정은 그 '사람'으로 인정받지 못했다.

"인권해방만 되면 굶어 죽을지라도 좋으며, 얼어 죽을지라도 아니 좋으랴!"

한 맺힌 백정의 부르짖음처럼 법으로만 사람이었을 뿐, 사람의 권리는 하나도 없었다. 진정한 인권해방이란 백정에게는 아직도 머나먼 일이었다. 그러나 이제 백정들은 더는 참지 않았다. 이제 힘을 모아 앞으로 나아가는 방법을 알고 있었다.

그리하여 1923년 봄, 차별을 없애고 평등한 사회를 만들자는 뜨거운 꿈을 안은 백정들이 함께 모여 형평사라는 단체를 만든다. 그때부터 형평사의 모든 활동은 '형평운동'이라 불렸다. 단순한 단체의 활동을 넘어서 이미 중요한 사회운동의 한 흐름이 되었기 때문이다. 1935년 대동사로 이름이 바뀌어 사라질 때까지 형평사는 일제강점기에 단일 조직으로 가장 오랫동안 유지된 사회운동 단체요, 인권운동 단체였다.

백정을 위한, 백정에 의한, 백정의 단체였다.

사람으로 살 수 있다면 굶어 죽어도 좋고 얼어 죽어도 좋다는 뜨거운 열망은 불길처럼 활활 타올랐다. 형평한 세상, 아득하게만 느껴졌던 평등을 향한 힘찬 날갯짓이 시작되고 있었다.

조선인은 누구나 들어올 수 있다

형평사에서 형은 저울을, 평은 평등을, 사는 단체를 뜻한다. 곧 형평사라 하면 "저울처럼 평등한 세상을 꿈꾸는 단체"라는 뜻이다.

저울은 누구에게나 평등하다. 양반이 잰다고 더 무겁지도 않고 천민이 잰다고 더 가볍지도 않다. 그 누가 재든 똑같이 공평하게 무게를 매긴다. 또한 저울은 가축을 잡고 고기를 파는 백정들에게 꼭 필요한 도구였기에 어떤 백정도 감히 자신들의 생명줄인 저울을 속이지 않았다. 그들에게 공평한 것은 오로지 저울뿐이었다.

그런데 가장 공평한 저울을 생명 삼았던 백정이 실제 삶에서는 가장 불공평한 차별을 받았다는 것은 여러모로 모순이고 안타까운 일이다. 그래서 더더욱 차별 없이 모두가 공평한 세상을 이루고 싶었을 것이다. 그래서일까, 형평사의 사칙 가운데 유난히 마음에 와 닿는 구절이 있다.

형평사 사칙 제4조

본 사원의 자격은 조선인은 하인何人을 불구하고 입사할 수 있다.

조선인은 "하인을 불구하고", 곧 그가 어떤 사람이든 상관없이, 누구나 다 들어올 수 있다. 백정이든, 백정이 아니든.

그랬다. 형평사의 문은 비단 백정에게만 열려 있지 않았다. 조선 사람이면 누구나 다 들어올 수 있었다. 가장 불평등한 대우를 받던 이들이 가장 평등하게, 안에서만 아니라 밖을 향해서도 똑같이 활짝 문을 열어 둔 것이다.

1923년 4월 25일 형평사 총회에서 처음 나온 주지(主旨, 창립 취지)도 바로 그 '공평'으로 시작한다.

공평은 사회의 근본이고 애정은 인류의 본량이다.

그런고로 우리들은 계급을 타파하고 모욕적 칭호를 폐지하며 교육을 장려하여 우리들도 참다운 인간이 되기를 바라는 것이 본사의 주지이다.

〈형평사 주지〉, 1923년 4월 25일

공평과 애정, 그것을 바탕으로 참다운 인간이 되는 것. 그것이 형평운동의 가장 큰 목표였다.

이른바 '천부인권'.

사람이라면 누구나 다 태어나면서부터 가지는 권리, 자유와 평등과 행복. 세상 모든 사람들은, 백정을 포함하여 다, 이 천부인권을 가지고 참다운 인간으로서 행복할 권리가 있었다.

형평사 창립 6년 뒤인 1929년 발표된 새로운 선언문에서는 그 권리를 더욱 강하게 호소하고 있다.

1. 인생은 자유와 평등의 권리를 가졌다. 자유와 평등의 권리가 없는 사람에게 어찌 생의 의의가 있으랴!
1. 반천 년 동안 노예의 역경에 처하였던 우리는 상실한 인권을 찾아야 한다.
1. 궐기하라, 백정 계급아! 모여라, 이 형평 깃발 아래로!

아직 인권 개념이 일반화되지 않았던 1920년대 초였다. 이런 때 백정을 향한 억압이 천부인권을 해치는 것임을 깨닫고 참다운 인간 해방을 내세운 것은 참으로 앞선 역사의식이라 할 수 있다.

형평사 창립을 두고 한 논문에서 "우리 나라 최초로 대중적인 자발성에 의해서 나타난 자유주의적 사회 개혁운동으로서, '자유'와 '평등'이 인류 사회의 대의임을 다시 한 번 확인시켜 준 사건"이라 평하는 것도 그래서이다. 형평운동은 단순히 백정만의 운동이 아니라 사람은 누구나 다 똑같다는 평등운동이자, 차별과 등급을 없애자는 신분 해방운동이며, 다 함께 사람답게 살자는 인권운동이었던 것이다.

일제강점기 형평운동가였던 안병희는 형평사의 의미를 이렇게 풀어놓는다.

다 같은 조선 민족이지마는 '백정'이니 '피쟁이'니 '갖바치'니 '천인'이니 하여 그 무엇이 특별한 조건이나 있는 것처럼, 왜 천대를 주며 학대를 주며 멸시를 하는가······. 조선 각지의 우리 계급 40만이 한 몸뚱이와 같이 되는 단결이 필요하다. 이와 같은 의미로서 형평사라는 조직이 생겼다.

'형평'이라 함은 이 인간 세상을, 이 인간 사회를 저울대로 달아서 평탄하게 고르게 한다는 의미이다. 그러므로 우리 형평사가 남병산에 동남풍이 불듯 비 온 뒤에 죽순처럼, 곳곳마다 자유를 부르짖고 평등을 요구하며 정의의 함성으로 이미 잠든 사람의 귀청을 요동시키어······ 자유를 찾자, 평등을 찾자, 행복을 찾자는 대사업에 노력한다. 이것이 즉 형평운동이다.

안병희, '형평운동의 정신', 《정진》 창간호

백정놈, 백정년, 백정 새끼

《정진》은 1929년 형평사에서 만든 기관지이다.

이곳저곳에서 억압을 받아 제대로 나오지는 못했지만 여기에 실린 글에는 백정들의 삶과 애환이 잘 드러나 있다. 글쓴이를 밝히지 않은 어떤 글이라도 읽다 보면 절절한 울림이 느껴진다.

"우리 동리 사람들은 무저항이란 토굴 속에 떨어져 있다"고 쓴 한 형평사원은 그런데도 온갖 멸시를 하는 사람들의 즐거운 한입거리를 위해 "십 년을 하루같이 날이 새면 도야지의 목을 자르고 소의 고기를 버여(베) 나누기" 하는 삶을 서럽게 토해 낸다.

더 나아가 "수십 대 이전에 우리의 할아버지가 여기에 일평생을 바쳤으며, 우리가 또한 그러할 것이며, 우리의 수십 대 자손이 그러할 것이다" 하며 백정마을의 변치 않는 운명에 눈물짓는다.

> 내가 타고난 이 마을은 피촌血村, 또는 백정촌…… 이 지역에 거주하는 사람을 가리켜 칼잡이니 백정놈이라고 한다. 이 지역 외에 거주하는 모든 사람들은 수백 년이라는 긴 시간을 내려오며 대대손손이 잊어버리지도 않고…… 우리들의 이름을 불러 주는 것보다는 의례히 백정놈, 백정년, 백정 새끼……. 이것이 내가 타고난 우리 집은 물론이고 우리의 이웃 사람, 그 외에도 나와 같은 처지에 있는 무리에 대한…… 유일한 대명사였다.
>
> 한 형평사원, 《정진》, 형평사 기관지 제1호

이름은커녕 으레 "백정놈, 백정년, 백정 새끼" 하며 대명사로 불렸던 삶. 그들에게는 이름조차 사치였다. 실제로 일상생활에서 백정들이 받는 차별은 이루 말할 수가 없었다. 먹는 것도, 입는 것도, 사는 곳도, 죽어 장례까지 모두 다 끔찍하게 차별을 받았다.

백정은 비단옷을 입어서도, 갓이나 두루마기, 탕건을 써서도 안됐고 가죽신을 신어서도 안 됐다. 상투도 올리지 못했고 비녀도 꽂지 못했다. 밖에 나갈 때는 사내는 머리를 흩트리고 패랭이를 써야 했고, 아낙들은 낙인 같은 먹색 저고리에 올린머리를 해야 했다.

길가에서 양민을 만나면 아무리 어린아이라도 백정에게 반말을 할 수 있었고, 거꾸로 백정은 아무리 나이가 들었어도 소인이라 칭하며 고개를 숙여야 했다. 양민 앞에서는 먹거나 마실 수도 없었고, 공공장소를 지날 때는 마치 전염병자라도 된 양 허리를 숙인 채 빠르게 종종걸음으로 지나가야 했다.

혼인날에도 말이나 가마를 탈 수 없는 것은 물론이고 그 어떤 치장도 할 수 없었다. 순조 때 개성부 사는 한 백정이 혼인날 관복을 입고 일산을 쓴 적이 있었다. 그러자 온 마을 사람들이 감히 무슨 짓이냐고 들고일어나 관복을 빌려준 사람을 두들겨 패고 백정의 집은 아예 부숴 허물어뜨렸다. 겨우 햇볕 가리는 일산이 뭐라고, 혼인날 겨우 그 정도 치장이 대체 무슨 죄라고 사는 집을 무너뜨릴까. 그런데도 아무런 저항도 할 수 없는 이가 백정이었다.

죽어서도 차별은 끝나지 않았다. 백정은 따로 상여를 쓸 수도 없었고 가족묘도 금지되었다. 양민 가까이 묻히거나 양민보다 높은 곳에 묻혀서도 안 되었다. 그저 거적에 말아서 지게에 지고 올라가 땅을 파고 산에 묻는 게 고작이었다.

그야말로 태어나서 죽을 때까지, 아니, 죽어서까지 온갖 차별과 금지에 시달려야 했다. 동학 농민군이 개혁안을 내놓았을 때 "백정 머리에서 패랭이를 벗겨라!" 했던 것도 그 때문이다. 패랭이가 백정 이 받았던 온갖 굴레와 차별을 상징했던 것이다.

특히 패랭이는 거친 모양새뿐 아니라, 부모상을 당했을 때 자식 이 죄인이라는 뜻으로 쓰기도 했기에 그 의미가 더 무거웠다. 백정 은 상중이든 아니든 상관없이 언제나 죄인이라는 뜻이 아니겠는가. 살아서도, 죽어서도, 심지어 죽은 뒤에도 짓지도 않은 원죄까지 짊 어지고 사는 이가 바로 백정이었다.

그 차별이 뼈에 사무쳤는지 갑오개혁 뒤 백정들이 제사상에 가장 먼저 올린 것이 갓, 두루마기, 탕건, 가죽신 같은 것이었단다. 살아 생전 단 한 번도 그런 것들을 쓰거나 입어 보지 못한 선조들의 혼을 달래고 싶었던 것일까. 평생을 갖바치로 신을 만들었으면서도 스스 로는 그 부드러운 가죽신 한 번 신어 보지 못했던 조상들의 한을 그 렇게나마 위로하고 싶었던 것인지도 모른다. 그리고 제사상 앞에 엎어져 펑펑 눈물을 흘리며 서럽게 통곡을 했다 한다.

하지만 한번 새겨진 관습은 무섭고 질겼다. 법이 허가해도 관습 이 허가하지 않았다. 막상 백정이 갓을 쓰고 나가면 감히 백정이 갓 을 썼다고 몰매를 맞기 일쑤였다.

1900년 2월, 경상도 진주군을 비롯한 16개 군 백정들이 진주 관찰사 조시영을 찾아간다. 그리고 칙명으로 묵은 관습을 벗겨 달라고 간절히 호소한다.

"소를 잡아 먹고사는 천한 백성이라 이제껏 머리에 갓을 쓰지 못하였으나, 갑오경장 이후 하늘 같은 임금님 은혜를 입어 저희도 똑같이 갓을 쓸 수 있게 되었습니다. 그러나 병신년(1896) 이후 천대도 전과 같고 갓 또한 쓰지 못해 천지간에 원을 풀 길 없사오니, 칙명을 내려 갓을 쓸 수 있게 허락해 줍소서."

이에 대한 관찰사의 답변이 기가 막힌다.

"그렇게 갓을 쓰고 싶으면! 끈은 반드시 소가죽으로 해라."

이 무슨 망언인가. 게다가 그것이 끝이 아니었다. 당시 《황성신문》은 그 뒤에 일어난 처참한 상황을 이렇게 적고 있다.

> 백정들이 다시 제소하자 조 씨가 안으로 불러 새로 잡은 소가죽 한 장을 길게 잘라 갓끈을 만들어 저마다 씌우매, 백정들은 양 뺨에 핏자국이 점점이 흐르는 채로 관청에서 내쫓겼다.
>
> 《황성신문》 1900년 2월 5일

끝내 그 갓 한 번 제대로 쓰지 못했다. 백정 머리에는 여전히 피 묻은 갓, 피 묻은 패랭이가 한 치도 벗겨지지 않았던 것이다.

패랭이의 의미 때문인지 일부러 형평사원들에게 강제로 패랭이를 씌우는 일도 자주 일어났다. 형평사원 길사집은 담배를 피웠다는 트집을 잡혀 동네 면장에게 강제로 패랭이가 씌어져 모욕을 당했다. 충청도 제천에서는 패랭이를 씌운 것으로도 모자라 목줄까지 매어서 시내 거리를 끌고 다니는 만행도 일어났다. 그토록 떨치려 했던 패랭이를 다시 쓴 채 짐승처럼 목줄에 매여 시내 한복판을 끌려다녀야 했던 백정의 심정이 오죽했을까.

그야말로 한 형평사원의 말처럼 "역사가 있다 하면 피눈물의 역사요, 생활이 있다 하면 참담의 생활이었다."

신분제가 폐지된 지 무려 삼십여 년이 지나도록 이런 상황은 조금도 달라지지 않았다. 갑오개혁에서 딱 31년 뒤인 1925년 5월, 충청도 진천면에 사는 백정 리무쇠의 처 김순남은 한동네 사는 림주력과 류수복에게 영문도 모르고 매를 맞는다. 그저 밀린 고깃값을 달라고 한 것뿐인데 임신한 여인을, 그것도 사내 둘이 "백정년이라고", "까닭 업시 구타 중상을" 입힌 것이다.

게다가 김순남이 진단서를 받아 신고하려고 하자 의사는 그럴 만한 피해가 없다며 진단서 쓰기를 거부했다. 인의를 베풀어야 할 의사가 임신한 여인을 돕지는 못할망정 법에 호소하는 길마저 막은 것이다. 오로지 김순남이 '백정' 리무쇠의 처였기 때문이다.

신분제가 폐지됐어도 백정을 향한 일반인의 의식은 조금도 달라지지 않았다. 때로는 외국인보다도 못했다. 충청도 홍산에서 한 중국인이 백정을 차별하는 발언을 하였는데, 주민들이 중국인을 혼내기는커녕 오히려 중국인 편을 들어 죄 없는 백정을 무수히 두들겨 팼다. 당시 《동아일보》는 이런 논평을 내렸다.

"중국인보다 형평사원인 동족이 더 밉다는 것이냐!"

그 밖에도 형평사원을 업신여기는 온갖 폭행 사건과 분쟁이 끊이지 않았다. 1924년 5월 경상도 진영에서는 형평사원과 장터 상인들 사이에 패싸움이 일어났는데, "백정은 사람이 아니냐!" 반항하는 형평사원에게 상인들이 한목소리로 이렇게 외쳤다 한다.

"아직까지 백정은 백정놈이요, 양반은 아닌데 무슨 소리냐!"

그랬다. 아직까지도 백정은 사람이 아니었다. 신분제가 철폐된 지 수십 년이 지났는데도 여전히 백정 '놈'이었던 것이다.

관습의 벽은 이렇게나 질기고 높았다. 형평운동이 호응을 얻을수록 그에 반대하는 반反형평운동도 전국으로 퍼져 나갔다. 몽둥이로 백정을 패는 것은 흔했고, 학교에 입학한 백정 자녀를 퇴학시키거나 식당에 들어온 백정을 몰아내기도 했다.

그중 가장 큰 사건은 1925년 경상도 예천에서 일어난 형평사 지부 공격 사건이다.

항복해라! 다시 백정이 되겠다고 다짐해라!

1925년 8월 9일, 예천에서 형평분사 창립 2주년 기념식이 열렸다. 이때 예천청년회 회장 김석희가 축사를 하던 도중에 갑자기 "백정을 괴롭히는 것은 죄악이 아니다"라고 말을 꺼낸다. 더 나아가 "백정은 국법을 어기다가 그리된 것이니 백정을 압박하는 것은 죄가 아니다. 게다가 지금은 좋은 시대니까 형평사를 조직할 필요도 없다" 하는 터무니없는 이야기까지 한다. 형평사원들은 놀라고 분노했다. 대체 축사를 하러 온 김석희가 왜 그런 말을 했는지는 밝혀지지 않았으나 그 발언은 엄청난 파장을 일으켰다.

식장 밖에서도 시한폭탄 같은 기운이 감돌았다. 누군가 예천 시내를 돌며 형평사가 만들어진 뒤 백정들 태도가 아주 불손해졌다며 모두 일어나 백정을 없애자고 선동한 것이다. 거기에 김석희의 말까지 보태며 "언제 백정들이 우리 같은 상민에게 압박을 가할지 모르니 형평사를 타파하자!" 하고 부추겼다. 급기야 성난 농민 수백 명이 형평사를 습격하기에 이르렀다. 그들이 외치는 살기등등한 구호가 형평사 건물을 울렸다.

"백정들은 다 죽여라! 밟아 죽여라!"

시위대는 무자비한 구호를 외치며 거침없이 형평사원들을 때리고 기물을 부쉈다. 이튿날도 폭력 시위가 이어졌고, 11일 밤에는 시위대가 다시 형평사 건물에 침입해 중앙에서 내려온 형평운동가 장지필과 백정 이이소를 잡아내 폭행한다.

장지필은 백정 출신으로 일본 메이지 대학까지 다닌 엘리트였다. 일본에서 돌아온 뒤 총독부에 들어가려고 호적을 뗐다가 그만 '도한(屠漢, 도살자)'이라는 섬뜩한 붉은 글씨를 보게 된다. 당시 백정은 양민들과 호적이 달라서 선명하게 직업이 드러나 있거나 피처럼 붉은 점이 찍혀 있었다. 신분제는 폐지되었으나 차별의 흔적은 고스란히 남아 있었던 것이다. 청년 지식인 장지필이 자신이 백정임을 뼈저리게 깨닫는 순간이었다.

이 일로 장지필은 총독부 관료가 되는 꿈을 버리고 백정 해방운동에 뛰어든다. 장지필은 백정 자산가 이학찬, 언론인 신현수, 양반 강상호, 천석구 들과 더불어 형평사를 결성한 초기 핵심 간부의 한 명이기도 했다.

그래서일까, 장지필의 글은 여느 문필가들과는 다르게 힘이 있고 백정의 위치를 강렬하게 대변한다.

○ "아이들을 학교에 보내려면 민적이 필요합니다. '도한'이라고 쓰여 있는 것을 보면 곧 쫓아냅니다. 그러면 우리는 대대손손이 귀먹고 벙어리 되라는 말입니까?"

○ "우리는 오로지 인간다운 대우를 받는 것 말고는 그 어떠한 생각도 없다."

○ "우리는 수천 년 동안 백정이라고 손가락질을 받아 왔다. 이제 우리의 권리를 보호할 시기는 이때이다. 지금 형평사 기관이 있을 뿐이다. 이것을 폐지함은 우리 스스로 자살하는 것보다 더 잔혹하지 않느냐!"

그러니 어찌 그 잔혹함을 받아들일 수 있을까. 저항하던 장지필은 결국 "무수히 피를 토하고 눈까지 뒤집히는" 중상을 입은 채 병원에 실려 간다.

함께 있던 이이소는 끌려가 짐승처럼 기둥에 묶였다. 그리고 피와 살이 터지는 몽둥이질을 당하며 한마디를 강요받는다.

"항복해라! 예전과 같이 백정이 되겠다고 다짐해라!"

끔찍한 폭력 앞에 무너져 다시 백정이 되겠다, 다시 짐승이 되겠다 항복해야 했던 이이소의 마음은 얼마나 처참하였을까. 이제 겨우 사람답게 사는가 했더니 그 작은 소망마저 한순간 무참하게 깨지고 말았다.

서늘한 광기와 악의가 온 예천군을 휩쓸었다. 광기는 며칠을 이어지며 그치지 않았다. 수천 명 군중이 떼를 지어 형평사원 집을 부수고 닥치는 대로 사원들을 폭행했다. 형평사원과 식구들은 폭력을 피해 산과 들에서 밤을 지새워야 했다. 그 며칠 동안 예천군 일대는 들끓는 전쟁터와 같았다고 전해진다.

광기가 사라지자 이제 수습이 남았다.

예천 사건 뒤로 전국 형평사원과 각 사회단체가 한마음이 되어 뭉치기 시작했다. 사태의 심각함을 절감한 사회운동 단체들의 지원이 줄을 이었고, 형평사원들의 단결도 더욱 굳어졌다. 이 사건을 계기로 당시 노선 문제로 갈라져 있던 형평사 진주 집행부와 서울 집행부도 다시 손을 잡고 화해할 수 있었다. 사원들은 서로를 도우며 자구책을 마련해 나갔다.

언론도 발 빠른 취재와 논설로 형평사 편을 들었다. 당시 신문은 "전 국민적 관심을 집중시킨" 예천 사건을 이렇게 논평했다.

슬프다, 제군들!

형평사원과 농민 간에 차별이 있으면 몇 만분의 일이 있으며, 조선인이라고 하는 공동의 비참한 운명을 지닌 마당에 무엇이 얼마만큼 다른 것일까? ……형평사가 백정의 모임이라고 하여 종래의 계급적 인습적 감정에 지배되어 이러한 분규를 일으킨 것이 사실이라면 그 무지를 책함과 동시에 반성을 요구하지 않을 수 없다.

《동아일보》 1925년 8월 16일

처음 형평사가 결성되었을 때 언론은 "평지에 파란을 일으켰다"면서 그리 우호적이지 않았다. 하지만 그 뒤로 차별 사건이 줄지어 일어나자 비로소 사회에 가득한 편견과 구습의 뿌리가 얼마나 깊은지를 깨닫고는 신분해방을 부르짖는 형평운동의 중요성을 인정하기 시작했다. 그리고 이런 사설들로 힘을 보탰다.

"계급 타파를 절규하는 백정 사회!"

"가축 고기를 먹는 사람들은 존귀한 대우를 받으면서 가축을 잡아먹을 재료를 제공해 주는 사람들은 비천한 대우를 받으니 얼마나 잘못된 일인가!"

무엇보다 이 끔찍한 폭력과 광기 앞에서도 백정들은 무너지지 않았다. 무기력하게 손을 놓고 운명을 탓하지도 않았다. 그보다는 더욱 떳떳이 앞으로 나아가기 시작했다. 이제 더는 백정이라고 신분을 감추거나 위축되는 모습은 찾아볼 수 없었다. 그 당당한 모습 자체가 이미 형평운동이 이루어 낸 커다란 성과였다.

백정들도 드디어 깨달은 것이다. 이 모든 것에 백정의 잘못은 없다는 것을. 오히려 잘못된 것은 묵은 체제와 권력이라는 것을. 누가 썼는지 알려지지는 않았으나, 분명 한 맺힌 백정이 가슴을 치며 썼을 형평사 김제지회 '서광회' 선언문에는 그 깨달음과 희망이 절절이 담겨 있다.

백정, 백정.

불합리의 대명사, 부자유의 대명사, 모욕의 별명, 학대의 별명인 백정이라는 명칭 하에서 (우리는) 인권의 유린, 경제의 착취, 지식의 낙오, 도덕의 결함을 당하여 왔다.

아, 과연 이것이 정복 계급(양반)의 죄이냐? 피정복 계급(백정)의 죄이냐? 아니다. (그 원인은) 질곡적 제도에도 있으며 전통적 습관에도 있도다……. 질곡적 제도를 탈출하며 전통적 습관을 타파하고, 우리의 역사를 한층 신선케 하며 우리의 생활을 한층 참되고 선하며 아름답게 하려 한다.

백정 계급아, 결속하라! 백정 계급아, 스스로 도와라!

이중의 착취 포사규칙

형평사 강령은 단체의 성장과 더불어 조금씩 수정되고 첨가되었는데, 1926년 9월 채택된 강령에는 이런 조항이 있었다.

"우리는 경제적 조건을 필요로 하는 인권해방을 근본 사명으로 한다."

말은 딱딱하지만 뜻은 분명하다. 형평사의 사명이 인권해방에 있다는 것을 밝히면서도 그 실행에는 '경제적 조건'이 필요하다는 사실을 짚은 것이다. 인권해방도 일단은 먹고살아야 했다.

이즈음 백정의 삶은 나날이 고달파지고 있었다. 말로만 신분제가 없어졌을 뿐 밑바닥 백정 신세도, 줄기차게 이어진 차별과 착취도 그대로였다. 거기다 이제는 일본의 착취까지 더해졌다.

1896년 1월 반포된 '포사규칙'은 허가를 받고 세를 내야만 백정 일을 할 수 있다는 내용을 기초로 한다. 포사는 푸줏간을 이르는 말로, 백정의 일은 흔히 고기를 잡는 도축과 그 고기를 파는 포사로 이루어져 있다. 따라서 많은 백정들이 도축과 포사를 겸했는데, 포사규칙은 포사뿐 아니라 도축까지 규제 대상으로 삼으며 이중으로 백정을 압박했다.

소 한 마리 잡을 때마다 80전씩 세금을 내야 했고, 정부의 허가장 없이 도살하면 벌금, 자격 정지, 추방을 당했으며, 소속 관청에 항상 대기하고 있어야 한다는 강제 조항까지 있었다. 백정은 이 포사규칙에 의해 "유래 없는 경제적 수탈"을 당하게 된다. 당시 상황을 다룬 논문에서는 그 해악을 이렇게 설명하고 있다.

"이후 백정은 도살업, 수육판매업에 생활수준을 고정화함과 동시에 더욱 가혹한 수탈과 사회적 차별 앞에 서게 된다."

포사규칙은 1905년 9월 '도수장병수육판매규칙', 1909년 8월 '도수규칙', 1919년 11월 '도장규칙' 등으로 이어지며 더욱 가혹하고 견고해졌다. 안정적인 소가죽 확보를 원했던 일본은 아예 도축장과 포사를 분리시키고 도축장을 자기들 관리에 두었다.

백정은 점점 설 자리를 잃어 갔다. 포사규칙에 밀려 일찌감치 일용직 도부수가 된 백정들은 턱없이 낮은 임금을 받으며 끝없는 생활고에 시달렸다. 포사를 갖고 있는 백정들 또한 툭하면 도살세로 이윤을 빼앗겼다. 1908년도 포사세 수입은 10년 전인 1898년에 견주면 무려 18배나 증가하였다고 한다. 착취는 끝이 없었다.

그러나 백정들도 참고만 있지는 않았다. 앞서 광기 같은 폭행에 맞서 싸웠듯, 저 "유래 없는 경제적 수탈"에도 스스로 해결책을 구하고자 노력했다. 그들이 찾은 답은 단순하고 간단한 것이었다.

서로 더욱 단결하는 것.

"백정 계급아, 결속하라. 백정 계급아, 스스로 도와라!" 부르짖었듯 함께 힘을 모아 서로 돕는 것. 바로 조합과 연대였다.

가장 좋은 예가 강원도 원주 형평사이다.

1927년 12월 8일 원주 형평사는 새로 5개 조합을 조직하기로 결의한다. 우육, 저육, 우혈, 도부, 유기 조합이 그것으로 소고기, 돼지고기, 소 피, 도살, 버들고리를 뜻하는 이름만 봐도 백정에게 가장 중요한 생계 수단을 모두 모았음을 알 수 있다.

이 결성이 남다른 의미를 가졌던 것은 이 다섯 조합을 통해 31호 200여 명에 달하는 원주 형평사 모든 사원들이 균등한 직업을 갖고 안정된 생활을 이룰 수 있었기 때문이다. 살인적인 일제강점기 포사규칙 아래에서 어떻게 저런 공평과 안정이 가능했을까.

그것은 무려 7할이 넘는 이익을 독점하고 있던 두 형평사원 이복

이와 김성순이 "자발적인 기득권 포기"를 했기에 비로소 가능한 일이었다. 만약 두 사람이 자기들만의 영화와 이익을 원했다면 결코 이루어질 수 없었을 꿈같은 변화였다. 하지만 막대한 이익을 포기한 두 사람이 기꺼이 사원들과 함께하기로 한 순간, 사원들 또한 그 뜻을 받아 서로를 믿고 조합을 만든 순간, 일제의 억압도, 신분의 차별도, 그 어떤 것도 그들의 단결을 막을 수 없었다.

원주 형평사는 창립 초기부터 강습소를 설치하여 매주 토요일 저녁마다 아이들을 가르치는 데도 힘썼던 곳이다. 처음으로 공부를 하게 된 백정 아이들은 이런 말을 외치고 다녔다.

"우리도 사람이라 배워서 사람이 되자!"

"우리가 공부라도 하게 됨은 역시 천운이라, 우리도 동포의 한 분자가 되자!"

이 어린 생도들은 원주 형평사 1주년 기념행사에서 차가운 정월의 바람을 헤치며 선두에서 앞장서 형평 깃발을 들었다. 그리고 낭랑하게 형평가와 인권혁명가를 부르며 선전문을 배포하였다. 아이들의 기특하고도 의연한 행동은 많은 사람들에게 형평운동을 알리는 데 큰 몫을 하였다 한다.

평등한 세상, 두 개의 천국

아이들뿐만 아니었다. 형평사 연대에는 이제껏 소외되었던 여성도 함께였다. 이름조차 없이 '성+조시' 조합으로 불리던 백정 여자들. 하지만 이제는 그들도 자기 목소리를 내고 자기 삶을 선택할 수 있어야 했다.

동학혁명 때 농민군이 과부의 재가를 주장한 것은 단순히 과부가 혼인을 다시 할 수 있다는 뜻이 아니었다. 혼인을 다시 할 권리를 과부가 '스스로' 가질 수 있다는, 곧 이제껏 남자의 소유물로 여겨졌던 여자들이 스스로 삶을 선택할 권리를 가져야 한다는 뜻이었다. 이제 여자들도 집안에만 갇혀 있지 않고 학교에 나가 공부를 할 수도 있었고, 직장을 다닐 수도 있었으며, 남편이 학대하거나 폭력을 휘두르면 먼저 이혼을 요구할 수도 있었다. 아직은 미약한 첫걸음에 지나지 않았지만 적어도 그전에는 상상도 할 수 없던 일들이 이제 가능해진 것이다.

형평사에서도 여자 사원을 배려하고 지위를 높이려고 애썼다. 여성 대의원이 전국대회에 참석하기도 했고, 형평사 안에 독자적인 여성 단체도 생겼다. 백정이라는 신분 차별에 여자라는 성차별까지 이중의 고통을 겪는 여성들 또한 자기 목소리를 낼 기회를 균등하게 가져야 마땅하기 때문이다.

특히 반형평운동이 한참일 때는 가장 약한 여성 사원들을 지키는 데 많은 힘을 썼다. 소고기 불매운동으로 따로 고기를 팔기 어렵게 되자 생계를 위해 가장 먼저 팔을 걷어붙이고 나선 것은 여성 사원들이었다. 씩씩하고 용감한 아낙들은 머리에 고기를 이고 주택가를 돌면서 팔아 식구들을 먹여 살렸다. 힘들고 고되어도 물러설 줄

몰랐다. 하지만 세상인심은 곱지 못해서 툭하면 고기 근을 후하게 주지 않는다고 욕설을 듣거나, 말대꾸가 불손하다고 두들겨 맞기도 했다. 그런 일을 막고자 형평사 지부고 본부고 모두 적극으로 나서 여성 사원을 감싸고 서로 도왔다.

여자든 남자든, 어른이든 아이든, 모든 사람은 누구나 다 차별 없이 똑같은 대우를 받아야 한다. 형평사의 가장 기본인 인권 의식은 끝없이 일깨우며 실천되었다.

가장 기본인 그 권리를 지키는 것이 그렇게나 어려웠지만, 막상 지켜 내면 끔찍한 현실도 때로는 천국과 같아졌다.

황일광은 충청도 홍주(홍성) 출신 백정이다.

천성이 밝고 명랑한 이였으나 백정으로 살아온 삶이 그 밝은 본성을 가려 몹시 소심하고 우울한 사람이 되었다. 그러다 천주교 공동체에 가게 되었는데, 첫 모임에 평소라면 쳐다보지도 못할 높은 양반들이 자기 옷소매를 잡으며 환영하는 것에 놀라고 만다.

"형제여, 어서 오십시오."

진심을 담은 부드러운 높임말에 황일광은 더욱 놀라 숨을 삼켰다. 천민은 감히 양반집 처마도 바라볼 수 없는 시대에 형제라니. 하지만 공동체 사람들은 신분에 상관없이 서로 형제라 불렀고, 심지어 같은 신분이 아니면 절대 하지 않는 '겸상'까지 차려 같이 먹고 같이 마셨다. 평생 더럽고 천한 백정이라 천대받던 황일광의 가슴에 사무치는 천상의 빛이 스며드는 순간이었다. 황일광은 지금껏 끔찍했던 이 세상이 이제는 황홀한 천국으로 보였다.

"내게는 천국이 둘 있으니, 하나는 죽어 가게 될 천국이요, 또 하나는 살아 지금 누리고 있는 천국이다."

그 천국의 모습은 얼마나 소박한가. 그저 사람이, 사람을, 사람처럼 대우하는 것뿐이었다. 단지 그것뿐인데도, 그것만으로도 세상은 황홀한 천국으로 바뀔 수 있었다.

그리고 진정한 평등과 자유를 깨달은 황일광은 변하기 시작한다. 그의 안에 갇혀 있던 진짜 인간다움, 본연의 품위와 명랑함이 드디어 빛을 발했던 것이다.

나중에 신유박해 때 붙잡혀 감옥에 갇혔을 때도 황일광의 그 빛은 조금도 사라지지 않았다. 황일광은 온갖 신문에도 두려움 없이 "고상하게, 그리고 거룩하게 자유로이" 대답하였다. 어떤 고통 앞에서도 타고난 명랑함을 잃지 않았다. 관리들은 천한 백정 주제에 고결한 척한다며 더욱 심하게 그를 매질해 한쪽 다리를 으스러뜨린다. 결국 걷지도 못해 누운 채 들것에 실려 사형장으로 가면서도 황일광은 기쁘게 웃었다. 살아 천국을 누렸고, 이제는 죽어 진짜 천국에 가게 될 테니 두려울 것은 아무것도 없었다.

하지만 죽어 천국이야 신이 만들었을지 모르나, 살아 천국을 만드는 것은 신이 아니었다. 그보다는 사람이, 누구나 다 똑같이 평등하다 믿는 보통 사람들이 함께 만들어 나가는 것이었다.

이제 이야기할 박성춘과 강상호, 백정의 두 아버지도 그러했다. 한 명은 피로 이어진 백정의 아버지요, 또 한 명은 의로 맺어진 백정의 아버지였다. 그 태생과 삶은 아주 달랐지만 두 사람은 한 가지 바람으로 마음을 같이한다. 자신들의 온 삶을 바쳐 기어코 이루고자 했던 단 하나의 바람은 이것이었다.

사람은 누구나 다 평등하다. 그러므로 백정 또한 평등하다.

일곱 번째 백정

백정의 아버지 박성춘

박성춘은 1862년 서울 관자골(관훈동)에서 태어났다. 백정의 아들로 태어났으니 백정으로 자라 백정으로 살다 백정으로 죽으리라 여겼다. 그랬던 박성춘의 삶이 뜻하지 않은 전환을 맞게 된 것은 아내와 아들의 죽음 때문이었다.

마치 예전의 매읍산이 그러했듯 박성춘도 먹고살고자 몰래 도살을 해야 했는데, 그 일로 관군에게 체포를 당한다. 이때 이를 말리던 박성춘의 아내가 그만 군관들이 휘두른 몽둥이에 맞아 죽고 만다. 며칠 뒤 둘째 아들까지 병으로 잃자, 박성춘은 크나큰 한을 안은 채 하나 남은 맏아들 봉주리(봉출이)만은 절대 백정으로 살게 하지 않겠다고 다짐한다.

그때 박성춘이 선택한 것은 아이들을 무료로 가르친다는 예수교 학당이었다. 당시 백정은 학교 근처에도 갈 수 없었으니 당연한 선택이었다. 하지만 어린 아들을 데리고 지금의 서울 을지로에 있던 곤담골 교회를 찾아가 교육을 맡기면서도 박성춘은 아들을 절대 주일 예배에 보내지 않겠다고 고집했다. 백정이라는 이유만으로 아내와 아들을 잃은 처참한 기억은 박성춘으로 하여금 고슴도치처럼 세상을 향해 가시를 돋게 했던 것이다.

어쨌거나 그래서 대대로 소 잡는 백정집 맏아들 봉주리는 처음으로 학교를 다니게 된다. 학교에서는 봉주리 이름을 상서로운 태양, 곧 '서양瑞陽'으로 새로 지어 주었다. 백정에게는 감히 쓸 수 없었던 상서로운 글자, 태양 같은 글자가 이름에 붙은 것이다. 그리고 봉주리는 정말로 상서로운 태양이 되어 아버지를 살린다.

갑오개혁이 있던 1894년, 전국에 콜레라가 돌았다. 하루에도 수백 명씩 죽어 가는 이 끔찍한 질병에 박성춘도 걸리고 만다. 봉주리는 아비를 살려 달라고 울면서 교회로 달려갔다. 이때 곤담골 교회에는 신실한 신앙을 지녔던 사무엘 무어 선교사가 있었다.

무어 선교사의 우리 나라 이름은 모삼열牡三悅이다.

성으로 수컷, 또는 소 울음소리를 뜻하는 '모牡'를 쓴 이유가 무엇일까? 모는 소 우牛를 기본 뜻으로 삼는 글자다. 글자 생김만 봐도 소뿔을 본떠 만들었다. 한자에서 모든 길짐승의 수컷과 암컷을 나타낼 때 이 소우 변을 쓴다. 세상 모든 물건을 가리키는 '만물'의 물物도 소우 변을 썼다. 그런 글자를 성으로 택했다는 것은 소와 가장 가까운 민중, 곧 천대받는 백정들과 함께하겠다는 뜻이 아니었을까.

실제로 무어 선교사는 숱한 반대에 부딪히면서도 백정에게 기꺼이 교회의 문을 열어 두었던 원칙주의자였다. 백정 또한 다른 모두와 똑같은 사람이며, 오히려 백정이야말로 가장 먼저 손을 내밀어야 할 첫 신자임을 신을 따르는 선교사는 엄격히 믿었던 것이다. 그리고 그 마음은 박성춘과 이어진다.

봉주리에게 박성춘의 발병 소식을 듣자마자 무어 선교사는 고종 황제의 주치의였던 올리브 에비슨 박사와 함께 그를 찾아간다. 무려 황제의 주치의가 짐승보다 못한 대접을 받는 백정의 집을 찾아온 것이다. 그것도 모자라 황제를 치료하던 손으로 직접 백정을 만지고 치료까지 하였다. 보는 사람들도 놀랐지만 가장 놀란 이는 박성춘이었다. 이제껏 '천한 백정'이라는 굴레에 자신을 묶어 두었던, 아니, 묶어야 살 수 있었던 박성춘의 안에서 무언가 깨지고 부서진 것은 이때쯤이리라.

치료를 받은 박성춘은 기적같이 목숨을 건진다. 그리고 며칠 뒤 병이 낫자 언젠가 처음 아들을 데리고 갔을 때 그리했듯 다시 아들의 손을 잡고 교회를 찾아간다. 또한 그동안 거부했던 아들의 예배를 허락하는 것은 물론이고 그 자신 함께 다니기를 자처했다. 고슴도치처럼 내뻗었던 가시를 버리고 박성춘은 비로소 다시 세상을 향해 발을 내딛었던 것이다.

이듬해 4월에는 곤담골 교회에서 백정 최초로 세례를 받는다. 그리고 아들 봉주리가 서양이라는 이름을 받았듯 그는 "봄을 이룬다"는 뜻의 '성춘成春'이라는 이름을 받았다. 박성춘 인생의 봄은 그렇게 찾아왔다.

처음으로 맞은 봄날, 그가 가장 열심히 한 일은 두 가지였다. 하나는 백정 해방운동을 하는 것이요, 또 하나는 무어 선교사를 도와 전도 활동을 하는 것이었다.

박성춘은 열심히 전도해 백정 여러 명을 곤담골 교회로 이끌었다. 그러자 양반 교인들이 들고일어나 백정은 아예 못 오게 하거나 뒤에 따로 백정 자리를 만들어 앉히라고 소리를 높였다. 원수도 사랑하라는 성서의 가르침은 깡그리 잊은 채 신분에 따라 귀함과 천함을 나누는 '귀천貴賤 좌석'을 만들라 요구한 것이다. 무어 선교사가 단호히 거부하자 양반들은 아예 따로 나가 교회를 세워 버린다. 그리고 밖에서 곤담골 교회를 '첩장교회', 곧 첩과 백장(백정)이 모이는 교회라며 비웃고 조롱하였다.

하기야 비웃는 그 말에도 진실은 있었다. 기독교에서 말하는 천부인권 사상을 누구보다 잘 받아들였던 사람은 잘난 양반들이 아니라 전통 질서 안에서 차별받던 여성과 하층민들이었다. 그들이야말로 진실로 깊은 믿음을 보였고 또한 온전히 몸으로 실천하였다. 첩장교회라는 말은 종교가 보듬어야 할 가장 중요한 이들이 과연 누구인지를 새삼 돌이켜 보게 한다.

박성춘은 기죽지 않고 더욱 열심히 백정들을 전도하였고, 곤담골 교회는 곧 백정과 천민들로 가득 찼다. 교회가 날로 커지자 나중에는 양반 교인들이 다시 돌아올 정도였다. 경기도 수원에는 아예 백정들 교회가 새로 세워졌다. 백정도 더는 남문 밖 저지대에서 웅크려 살지 않고 스스로 신앙을 택할 수 있는 세상이 된 것이다.

박성춘은 곧이어 숨 쉬듯 자연스럽게 백정 해방운동에 뛰어들었다. 전국을 돌아다니며 인간 평등을 전파하는 데 힘썼고, 선교사들과 함께 백정 인권을 높이는 탄원서도 냈다.

당시 백정들은 갑오개혁으로 신분제가 폐지되었어도 여전히 천민 취급을 받았다. 박성춘은 무어 선교사와 다른 이들의 도움을 받아 당시 내부대신 유길준에게 백정 차별 철폐를 확인해 달라는 탄원서를 낸다. 이 탄원은 기적처럼 받아들여져 마침내 백정의 면천과 차별을 절대 금지하는 내용의 칙령이 서울에서 반포되었다. 그리고 그날 "5백년 만에 처음으로" 갓 쓰고 도포 입은 백정들은 감격에 겨워 하루종일 종로 거리를 왔다 갔다 하며 행진하였다.

박성춘 또한 똑같이 망건과 갓을 써 보았다. 그리고 얼마나 행복하고 기뻤던지 그날 밤, 잠을 잘 때도 갓을 벗지 않고 그대로 쓴 채 잤다고 한다. 이튿날 박성춘이 점잖은 도포 차림에 당당히 갓을 쓰고 교회로 들어가자 수많은 백정 신도들이 그를 보고 웃었다. 아니, 그를 보고 울었다. 박성춘 또한 울고, 웃었다.

"백정에게 패랭이를 벗게 하라."

백정에게 백정의 굴레를 벗게 하라. 그 약속이 마침내 이루어졌던 것이다.

박성춘은 여기서 멈추지 않았다. 계속해서 그해 11월, 이듬해 3월에 서울뿐 아니라 지방에서도 같은 조치를 취해 달라는 탄원서를 낸다. 백정을 사람답게 살리고자 하는 박성춘의 백정 해방운동은 이제부터 시작이었다.

아들 박봉주리, 아니, 박서양 또한 무럭무럭 잘 자랐다. 박서양은 아버지를 살려 준 에비슨 박사를 따라 제중원 의학교에 들어간다.

그리고 제중원 제1회 졸업생 중 한 명으로 한국 최초의 의사가 되었다. 그는 뛰어난 솜씨로 고종 황제의 진료를 보기도 했고, 세브란스 의학전문학교와 간호원 양성소에서 강의했으며, 중앙학교, 오성학교, 휘문학교 들에서 화학과 물리를 가르치기도 했다.

1910년 일본이 강제로 우리 나라 주권을 빼앗자 그는 미련 없이 간도로 떠난다. 당시 간도에는 15만 명이 넘는 조선인이 있었지만 의사는 고작 50여 명에, 그나마도 대부분 한의사였다. 박서양은 그곳에 현대식 구세의원을 열어 독립군을 포함해 간도에 사는 수많은 환자를 치료하였다. 대한국민회에 들어가 독립운동도 벌였고, 군의관을 맡아 의병 전투를 따라다니며 부상자도 치료하였다.

또 숭신학교를 세워 교육운동도 열심히 했다. 숭신학교에서는 그 누구든 신분으로 차별을 받지 않았으며 가난한 학생들은 무료로 배울 수 있었다. 하지만 숭신학교가 불온사상을 고취한다는 이유로 폐교되자 박서양은 고국으로 돌아온다. 그리고 몇 년 뒤 1940년, 해방을 보지 못하고 죽는다. 백정의 아들로 태어나 뛰어난 의사이자 교육자, 독립운동가로 살았던 의로운 삶이었다.

하지만 살아생전 그를 오로지 백정이라는 이유만으로 멸시하는 이들도 많았다. 심지어 교사로 학생들을 가르칠 때도 그러했는데 그때 박서양은 냉철한 스승이 되어 이렇게 말했다 한다.

"그래, 나는 백정이다. 하지만 내 신분보다 내 기술을 보아라."

"내 속에 있는 500년 백정의 피를 보지 말고 과학의 피를 보고 배워라."

언젠가 아비가 죽는다며 울고불고 선교사를 찾아갔던 그 어렸던 봉주리는 이제 신분보다는 기술을, 혈통보다는 과학을 볼 줄 아는 어른으로 자랐다. 그렇게 의사가 되고, 독립운동가가 되고, 교육자가 되었다. 더는 백정이라는 굴레에 묶이지 않고 새롭게 받은 그의 이름처럼 "빛나고 상서로운 태양"이 되어 자신과 주변인의 삶을 밝게 비추었던 것이다.

세상은 변하고 있었다. 박성춘 또한 더는 백정의 굴레에 묶이지 않았다. 그는 더욱 열심히 백정 해방운동, 백정 인권운동에 정진했고 나중에는 독립협회에도 힘을 보탰다. 백정 최초로 교회 장로도 되고 은행가도 되었으나 그는 처음 가졌던 꿈을 잊지 않았다.

모든 사람들이 다 평등하게 사는 꿈, 모두가 다 따뜻한 봄을 맞이하는 꿈. 그 꿈이 성큼 다가오고 있었다.

120년 전의 촛불집회, 만민공동회

만민공동회는 우리 나라 역사 최초로 열린 근대적인 민중 집회다. 만민은 '모든 백성'을, 공동회는 모임이나 회의를 뜻하니 곧 모든 백성이 함께 모여 뜻을 밝히고 의논하는 자리라는 말이다. 처음에는 독립협회를 중심으로 시작된 정치운동이었으나 정작 뚜껑을 열자 말 그대로 만민, 온 백성이 다 참여하는 시민운동이 되었다.

제1회 만민공동회는 1898년 3월 10일 종로 육의전 저잣거리 한

복판에서 만여 명이 모여 시작되었다. 거창한 격식이나 행사장도 없이 질펀한 저자에서 열린 만큼 모든 것이 파격인 대회였다. 공동회 대표는 쌀장수 현덕호가 맡았고, 연사들은 천을 파는 백목전 다락 위에 올라가 연설을 하였다. 자유롭게 연단에 오른 사람들은 외세 타도와 자주 독립을 외치며 뜨거운 호응과 박수를 받았다.

마치 120여 년 뒤 종로 광화문에서 열린 촛불집회와 같았다. 뜨겁고 자유로웠다. 외국 관료와 사절들조차 놀라 당시 〈주한미군공사관보고〉에는 "한국 민족과 서울 시민들의 급속한 성장에 경악을 금치 못하였다" 하는 논평이 올라갈 정도였다.

더 놀랍게도 이틀 뒤 곧바로 열린 제2회 만민공동회는 남촌 사는 평민들이 열었다. 독립협회의 지도 없이 백성들 스스로 연 것이다. 그리고 이틀 전보다도 훨씬 더 많은 수만 명 시민이 모였다. 이들은 시위를 방해하는 군인들을 투석전으로 물리치며 뜨거운 열기 속에 나라의 앞날을 이야기했다.

서울 인구가 대략 17만 명이었던 당시 이 규모는 어마어마한 것이었다. 이에 놀란 러시아와 일본이 잠시 침략의 고삐를 늦출 수밖에 없었으니 "만민공동회 운동은 결국 한반도를 둘러싼 국제 열강의 세력 균형을 획득하였다" 하는 평가가 내려질 만하다. 그것이 만민의 힘, 이른바 백성의 힘이었다.

그리고 10월 29일 규모가 더욱 커져서 관까지 함께해 시작된 만민공동회는 그야말로 시민운동의 꽃이었다. 일반 백성들뿐만 아니라 수많은 정부 관료와 대신들, 외교 사절들, 지식인과 학생, 승려와

상인들까지 그야말로 각계각층 온갖 사람들이 다 모였다. 특히 이때 고종 황제에게 국정 개혁을 건의하는 '헌의6조'를 결의하기로 했기에 공동회의 열기는 더욱 뜨거웠다.

이 뜨거움 속에 첫 연설자가 단상에 올랐다. 숨 막히는 긴장과 기대 속에 나타난 이는 다름 아닌 박성춘이었다. 조선 최초로 열린 이른바 대정부, 대국민 집회의 첫 연설자가 바로 '천민 중의 천민' 박성춘이었던 것이다. 박성춘은 떨리면서도 옹골지게 첫마디를 떼었다. "저는 대한에서 가장 천한 사람입니다" 하고.

> "이놈은 바로 대한에서 가장 천한 사람이고 매우 무식합니다. 그러나 임금께 충성하고 나라를 사랑하는 뜻은 대체로 알고 있습니다. 이제 나라를 이롭게 하고 백성을 편리하게 하는 방도는 관리와 백성이 마음을 합한 뒤에야 가능하다고 생각합니다. 저 차일(처막)에 비유하건대, 한 개 장대로 받치자면 힘이 부족하지만 많은 장대로 힘을 합친다면 그 힘은 매우 튼튼합니다. 삼가 바라건대, 관리와 백성이 마음을 합하여 우리 대황제의 훌륭한 덕에 보답하고 국운이 영원토록 무궁하게 합시다."
>
> 정교, 《대한계년사》 권3, 고종 광무 2년 10월 29일

당시 분위기를 소설《백정》의 저자 정동주는 이렇게 묘사하였다.

만민공동회의 개막 연설자가 단상에 올랐다.

회의장은 순간 물을 뿌린 듯이 고요해졌다. 연단으로 올라서고 있는 사람에게 모든 눈길이 일제히 쏠렸다. 개막 연설자로 지명된 사람은 놀랍게도 백정 신분이자 새뮤얼 무어 목사한테서 세례받은 곤담골 교회 박성춘이었다…….

회중은 연설을 끝낸 박성춘에게 뜨거운 박수갈채를 보냈고, 연단 아래 모였던 수십 명의 백정들은 눈물을 글썽이면서 만세를 불렀다. 이 광경은 여러 날을 두고 장안의 화제였다.

박성춘, 그는 이날의 연설로서 독립협회 주요 인물인 안창호, 서재필 같은 큰 인물들과 함께 국가의 독립과 민족 자립을 논의하는 자리에 서게 된 것이다.

정동주, 역사문화 에세이 - 달빛의 역사 문화의 새벽,《서울신문》 2004년 1월 12일

박성춘.

그는 이날 연설로써 나라의 큰 인물들과 나란히 섰지만, 그가 가장 밝히고자 했던 뜻은 "한 개 장대로 받치자면 힘이 부족하지만 많은 장대로 힘을 합친다면 매우 튼튼"하다는 대목이 아니었을까. 결국 '나라'라는 천막을 지탱해 우뚝 서게 하는 것은 황제나 소수 지배층이 아니라 무수한 장대들, 무수한 백성들이었다. 백성이야말로 가장 든든한 세상의 버팀목이었던 것이다.

아직도 그것을 깨우치지 못한 이는 권력자들뿐이었다. 나라를 떠받드는 백성의 힘을 "놀랍고 무섭고 위태롭고 두렵다" 보는 어리석은 자들뿐이었다.

"대저 이른바 **민회**에 대한, 이 놀랍고 무서운 일과 위태롭고 두려운 기미에 대해서…… 수백, 수천 명이 무리를 이루니 장사치, 기녀, 승려, 백정들까지 와자지껄 모여들어…… 마치 강한 이웃 나라의 사나운 적이 힘으로 맹약을 요구하듯이 하였습니다.

이것은 백성이 임금을 위협하는 논의를 임금이 백성을 다스리는 명령보다 더 중히 여기는 것입니다. 관리들에게 통문을 돌려 시장 바닥처럼 모이는가 하면, 혹은 파를 나누고 책임을 맡아 서로 엉키어 패거리를 지어 마침내는 한 덩어리가 되고, 돌아가면서 서로 주객이 되는데 이를 **관민공동회**라고 이름하였습니다. 그리고 그 취지를 물어보면 임금에게 충성하고 나라를 사랑하는 것이라고 합니다만…… 누구를 속이려는 것입니까?"

《조선왕조실록》 고종 35년 12월 9일

정말로 누가 누구를 속이려는 것일까.

《조선왕조실록》에 나오는 마지막 백정 기록이 사실은 저 만민공동회, 곧 민회였음을 알게 되면서 우리는 새삼 저곳에 누가 있었는지를 돌이켜보게 된다. 연설을 한 박성춘뿐만 아니라 백정촌 부류, 백정 500명, 군내의 백정들이라 뭉뚱그려졌던 모든 이들도 함께 있었다. 그들 또한 장대이고, 나라를 받치는 힘이며, 저 민회에서 마음껏 뜻을 밝힐 수 있는 진짜 백성이었던 것이다.

일제강점기 민초들의 삶을 그린 소설《토지》에는 백정의 사위 송관수가 형평운동에 뛰어드는 이야기가 나온다. 언젠가 양반 사위 이장곤이 그러했듯 송관수 또한 백정의 딸과 혼인해 원치 않는 '백정 부류'가 된 양민인데, 독하고 다부지며 저돌적인 그가 형평운동을 하게 된 동기는 의외로 단순했다. 아들 영광의 모친, 평생을 자그마한 꽃처럼 숨죽여 살아 온 그의 백정 아내 때문이다.

평생을 그림자같이, 구석지에서 남몰래 피는 꽃같이, 남의 앞에 나오는 것조차 두려워하며 살아온 영광의 모친, 그 여자에 대한 연민 때문에 지난날 송관수는 진주에서 형평사운동에 가담했으며 그 연민은 그의 투쟁의 의지로 나타났고 불꽃이 되기도 했었다.

박경리, 《토지》 제5부

한 여자에 대한 연민에서 시작된 운동. 하지만 장대 하나하나가 모여 무거운 천막을 지탱하듯, 한 사람을 향한 작은 연민 하나하나가 모여 장대한 변화의 시작이 되는 것이다. 그리하여 형평운동을 비롯해 송관수가 벌인 모든 사회운동, 계급투쟁의 바탕에 숨겨져 있던 진짜 정열이란 이런 것이었다.

세상을 바꾸어 놔야 한다는 것, 배고프고 핍박받는 사람이 없어야 한다는 것. 그것이 그의 정열의 모든 것이었다.

박성춘 정열의 모든 것 또한 그것이었을 것이다.
아무리 백정 굴레를 벗었어도, 아무리 은행가가 되었어도, 아무리 의사 아버지가 되고 독립운동가가 되었어도 그는 처음 가졌던 꿈을 결코 잊지 않았다. 그 꿈이야말로 그가 가장 바라는 모든 것이었으므로.

세상을 바꿔 놔야 한다는 것.

더는 배고프고 핍박받는 사람이 없도록. 더는 백정처럼 비천하고 억압받는 사람이 없도록. 그러려면 가장 먼저 이루어져야 할 대전제, 절절한 꿈이 있었다.

"사람은 누구나 다 평등하다. 그러므로 백정 또한 평등하다."

그 간절한 소망이야말로 박성춘의 모든 것이었다. 봉건 질서가 해체되고 백정 머리에서 패랭이가 사라지던 조선 말, 마침내 그는 자신의 운명을 바꿀 수 있는 진짜 '봄'을 발견한 것이다.

여덟 번째 백정

백정의 새아버지 강상호

형평사의 첫 시작을 백과사전은 이렇게 알리고 있다.

백정들의 신분에 대한 불만은 형평사 조직을 통해 구체화되었다. 1923년 4월 25일 진주에서 백정의 신분으로 자산가가 된 이학찬이 백정에 대한 교육차별에 분개해 신현수(양반), 강상호(양반), 천석구(양반), 장지필(백정) 등과 진주 대안동에서, 회원 80여 명과

더불어 창립총회를 열어 형평사를 설립했다. 임시의장 강상호의
사회 아래 형평사 취지서와 사칙이 채택되었다.

《한국민족문화대백과사전》, 한국학중앙연구원, '형평운동' 항목

형평사는 설립된 지 1년 만에 전국에 12개 지사와 67개 분사가
생기고, 5년 뒤에는 단위 조직체가 160여 개에 이를 만큼 크게 일어
난다. 하지만 모든 진보에는 반대급부가 따르듯, 형평운동도 구습
에 젖은 양반들과 농민들의 반대에 부딪혔다. 앞서 말한 반형평운
동이 그것인데 형평사가 결성된 진주도 예외는 아니었다.

1923년 봄, 진주 농민 이천여 명이 모여서 "형평사 타도!"를 외친
다. 그들은 백정 조직을 압박하는 데 가장 효과 있는 수단이 소고기
불매운동이라 판단하고는, 그 자리에서 소를 한 마리 때려잡고 "이
제부터 백정에게 소고기를 사지 말자!" 결의하였다. 그리고 북과 꽹
과리를 두드리며 시가를 행진했고, 결사대를 만들어 형평사를 습격
하기도 했다.

특히 백정도 아니면서 백정 편을 드는 사람을 새로 백정이 됐다
고 '새백정'이라 부르며 미워했다. 이들은 "새백정 강상호, 신현수,
천석구", "형평사 공격" 같은 글이 적힌 깃발을 흔들며 거리를 행진
했다. 그러다 신현수와 천석구의 상점을 습격하기도 하고, 강상호
의 집에 돌을 던지기도 했다. 빈터에 소를 끌어다 놓고 "새백정 나
와서 소 잡아라!" 외치며 협박도 했다.

무엇보다 형평운동 반대자들이 내세운 가장 강력한 협박은 이것

이었다.

"형평사에 관계한 자는 백정과 똑같이 대우한다!"

저 말이 섬뜩한 것은 백정처럼 대우한다는 말이 협박이 될 만큼 당시 백정 대우가 얼마나 끔찍했는지를 말해 주기 때문이다.

진주 속담에 "백정놈 때려죽이고도 살인으로 친다" 같은 말이 있다. 사람을 죽여도 살인이 아니라면 백정은 곧 사람조차 아니라는 뜻이 아닌가. 그러므로 백정처럼 대하겠다는 건 "짐승처럼 대하겠다" 하는 말과 같았다.

실제로 비슷한 일이 생긴다. 진주 중안동 사는 탁윤환은 평소 형평운동을 반대하는 이였다. 어느 날 그가 술을 잔뜩 먹고 형평사원 윗집에 사는 신경선을 찾아가 행패를 부린다. 아파 누워 있는 신경선에게 "백정놈들에게는 밥을 팔면서 왜 내게는 술이 없다 하느냐?" 하고 이년, 저년 욕설을 퍼부은 것이다. 이에 가까이 있던 형평사원들이 분개하여 탁윤환에게 덤벼들어 그를 두들겨 팬다.

"이놈, 너는 어떤 놈이더냐! 너는 그전에 일본인 종노릇을 하던 놈이 아니냐. 너같이 더러운 놈은 따려죽이고 내가 대신 죽겠다!"

분노한 형평사원들 기세에 눌려 탁윤환은 곧바로 도망친다. 하지만 매를 맞은 분을 참을 길이 없었는지 탁윤환은 그 길로 형평사를 찾아가 대표 강상호를 불러 그의 옷을 찢고 뺨을 후려친다.

그리고 강상호.

당대의 지식인, 천석꾼 지주의 아들, 진주 3·1독립운동의 주역이었던 이 양반 사내는 당시 신문에서 전하는바, "두 뺨을 무수히 란

타하엿스며 또 의복을 짓(찢)는 등 봉욕을 주는" 탁윤환의 폭력을 고스란히 견딘다.

평소라면 상민 탁윤환이 감히 양반 강상호에게 저리 굴 수 있을 리가 없었다. 강상호가 이제 백정의 편에 섰으니 백정처럼 대해도 된다고, 형평사에 관계했으니 얼마든지 "백정과 똑같이 대우"해도 된다고 믿지 않았다면 말이다. 그렇게 세상에서 가장 백정과 멀 것 같은 지식인이요, 자산가가 기꺼이 백정 대표로 뺨을 맞았다. 그런 이가 바로 강상호였다.

무엇이 강상호를 그렇게 만들었을까.

강상호는 1887년 진주에서 태어났다. 아버지는 정삼품 통정대부 벼슬을 한 천석꾼 지주 강재순이다. 이 차고 넘치는 유산의 상속자 가 바로 강씨 집안 첫째 아들 강상호였다. 하지만 신학문을 접하고 일찌감치 현실에 눈떴던 그는 국채보상운동을 비롯한 일제강점기 사회운동에 마음을 쏟는다. 1919년 3·1만세운동 때는 독립선언문 을 배포하고 독립선언서에 서명한 일로 대구 형무소에서 징역을 살 기도 했다. 그렇게 청년 사상가로서 3·1만세운동이라는 가슴 벅찬 여파가 사라지기도 전, 그는 끔찍한 사건과 맞닥뜨린다.

한여름에 진주 청년들 몇몇이 보신탕을 먹겠다며 가까운 백정촌 에서 백정을 잡아왔다. 이들은 싫다는 백정 김가에게 당장 개를 잡 으라고 억지를 부렸다. 평소에도 이들은 백정들을 자주 괴롭히고 행패를 부리던 패거리였다. 형평운동에 눈을 뜨기 시작한 김가는 두려움에 떨면서도 이 부당함을 견디지 못했다.

"못 하겠소."

그러자 손찌검이 날아오고 나중에는 몽둥이가 등과 옆구리를 치기 시작했다. 어느새 김가의 머리가 터져 피가 흘러나왔다.

"못 하겠소!"

그래도 김가는 버텼다. 언젠가 예천 사건 때 형평사원 이이소는 기둥에 묶인 채 끔찍한 매질을 당하며 이런 말을 들었더랬다.

"항복해라! 예전과 같이 백정이 되겠다고 다짐해라!"

김가 또한 비슷한 말을 듣지 않았을까.

"개를 잡아라! 예전과 같이 개를 잡아라!"

하지만 한번 무릎을 꿇으면 영원히 개백정, 소백정으로 불리며 인간 이하로 남게 되는 것이 끔찍했던 김가는 끝내 개를 잡는 것을 거부한다. 그렇게 햇살 눈부신 여름날, 아름드리 팽나무 아래에서 김가는 청년들에게 둘러싸인 채 개처럼 매를 맞았다. 맞다가, 맞다가, 마침내 마지막 숨이 끊어질 때까지.

그날따라 폭행은 멈출 줄을 몰랐다. 결국 개를 잡으라더니 사람을 잡았다. 끔찍한 일이었다. 그런데도 청년들은 처벌받지 않았다. 당시 사건을 맡았던 일본 경찰이 "호적도 없는 백정이 죽었는데 어쩌라고" 하는 식으로 넘어간 것이다. 사람이 죽었는데 주인 없는 길고양이나 떠돌이 들개를 죽인 것과 같다는 것이었다.

옥봉 사는 김가 백정.

그것이 다였다. 그렇게 불린다는 것 말고는 김가에 대해 증명할 것이 아무것도 없었다. 실제로 옥봉촌 백정마을 사람들 가운데 제대로 된 호적을 가진 이는 절반도 채 안 되었다. 그렇게나 여기서 세금 뜯고 저기서 품삯 뺏기면서도 정작 이들은 한낱 서류에서조차 사람 취급을 받지 못했다. 그렇게 이름도 호적도 없는 김가의 죽음은 덧없이 묻혔다.

그리고 우연히 사건을 목격했던 강상호는 엄청난 충격을 받는다. 사람이, 사람에게 그럴 수는 없었다. 어찌 사람이, 사람에게 그럴 수 있단 말인가. "백정놈 때려죽이고도 살인으로 친다"는 끔찍한 말이 눈앞에서 현실이 된 것이다.

사건의 자취를 쫓던 강상호는 나중에 김가의 진짜 이름을 알게 된다. 비록 호적에는 없었지만 엄연히 그에게도 식구들에게 불리는 이름이 있었다. 강두, 강두였다.

옥봉촌 백정마을 사는 김강두.

한 여자의 남편이며, 아홉 살 귀여운 아들의 아비이며, 고작 서른도 채 안 된 스물아홉 청년 김강두.

오래전 그와 닮은꼴 조상 매읍산이 길 가다 맞아 죽었듯, 수백 년 뒤 팽나무 아래에서 후손인 김강두도 매를 맞아 죽었다. 아무 죄도 없이, 백정이라는 이유만으로. 이는 의심쩍은 의안조차 아닌 명백한 살인이었다.

죄 없는 그의 죽음 앞에서 강상호는 가슴을 쳤다. 그리고 절절이 깨달았다. 사람이 가장 먼저라는 것을. 독립운동도 중요하고, 항일투쟁도 중요하고, 계급투쟁도 다 중요하지만! 그 모든 것에 앞서 가장 중요한 것은 사람이었다. 사람을 살리는 운동, 사람을 사람으로 살게 하는 운동이 가장 먼저였다. 백정은 코뚜레 꿰어 부리는 우마가 아니라 자신과 똑같이 살아 있고 생각하는 사람이었다.

한 조상의 한 자손과 한 나라의 한 백성으로, 너는 사람이 아니라 우마라 하야 그 코를 뚫으며 그 머리를 굴려 싸우며 그 궁둥이에 채찍질하고 그 등허리에 올라앉아 고개를 끄덕거리며 나는 사람이라 하면 어떻다 할고. 우마 된 사람은 불쌍하고 어리석은 사람이라 하려니와 사람 등에 올라앉은 사람은 인정 없고 불측한 사람이니라.

슬프다……. 그러나 분명 없을 이치인데 (사람을 우마같이 대접함이) 있고, 정녕 없을 일인데 (사람을 우마같이 대접함이) 있으니 어찌 기가 막히지 않으리오.

무명씨, '사람을, 우마같이, 대접함이, 불가한, 일', 《가정잡지》 1908년 1월호

그러니 어찌 그 기막힌 일을 몸 바쳐 반대하지 않을 수 있을까. 그렇게 강상호는 형평운동에 몸을 던진다. 자신의 온 삶을 던진 긴 여정의 시작이었다.

저기 백정 두목 간다!

강상호는 이제껏 두르고 있던 양반이니, 지식인이니, 독립운동가

니 하는 휘황한 휘장을 모두 내던진다. 그 대신 온전히 백정 편이 되어 평등운동에 모든 힘을 다 쏟았다. 형평사 창립에 적극 힘을 보탠 것도 그 노력의 하나였다.

강상호는 교육 문제에도 많은 관심을 가졌다. 이는 백정들 모두가 함께 바라는 것이기도 했다. 박봉춘이 아들 봉주리를 가르치려 했듯, 백정들은 모두 자식들을 가르쳐 번듯이 키우고 싶어 했다. 하지만 평등과 인권을 가르쳐야 할 학교는 정작 백정에게는 입학할 기회조차 주지 않았다.

천신만고 끝에 어쩌다 입학해도 힘든 건 마찬가지였다. 학생부터 학부모, 선생까지 다 나서서 백정 아이를 괴롭히고 따돌렸다. 집단 등교 거부로 백정 아이가 쫓겨난 일도 있었다. 이름을 밝히지 않은 한 형평사원은 다음과 같이 회고한다.

내가 10살이 되었을 때 일이다.

아버지는 김이라는 양반에게 수십 원을 건네주고 나를 ○○학교에 입학시켜 주었다. 백정의 아들이 일반인 속에 섞여서 공부하게 된 것은 ○○학교로서는 처음 있는 일이었다. 나는 하늘을 오른 기분이었다. 이제 겨우 백정의 생활에서 빠져나와 인간 생활로 들어가는 듯했다. 그러나 생도들은 나를 가리켜 백정이라 욕하며 주먹을 쳐들고…… 수백 명의 생도들에게 매일 수 시간씩 입에 담을 수 없는 학대와 모욕을 받는 일은 참을 수 없는 일이었다.

한 형평사원, '나의 추억', 《정진》 창간호

한번은 이런 일도 있었다.

진주에 새로 일신고등보통학교가 세워지는데, 백정들에게 학교 신축 공사를 도와 달라는 요청이 왔다. 백정들은 한마음으로 기뻐했다. 학교가 세워지면 당연히 자식들도 입학할 수 있을 줄 알고 무려 70여 백정들이 등골이 빠져라 공사를 도왔다. 하지만 막상 학교가 훤하고 멀끔하게 지어지자 돌아온 말은 이것이었다.

"백정은 입학 못 해. 그동안 수고한 거? 돈으로 줄게."

그야말로 가슴에 비수를 박는 소리다. 자식 교육을 열망하는 백정들을 그렇게 마지막 한 방울까지 쥐어짜면서 이용만 하다가 끝내 짓밟은 것이다.

이런 상황에서 강상호는 직접 백정 아이 둘을 데리고 학교에 간다. 그리고 아무리 지주 양반이 데려왔어도 백정은 절대 학생으로 못 받는다고 펄쩍 뛰는 학교 측에 이렇게 말한다.

"백정이 아니오."

그리고 무슨 소리냐는 듯 쳐다보는 얼굴에 쐐기를 박았다.

"이 아이들은 내 자식들이오. 호적을 보시오."

호적에는 백정 아이들이 그의 자식으로 입양돼 있었다. 뿌리 깊은 양반가 장손이 백정 아이를 자기 핏줄로 호적에 올린 것이다. 그래야 더는 신분을 내세워 아이들을 내치지 못할 테니까. 뒤에서 무슨 미친 짓이냐고 수군댔겠으나 강상호는 조금도 개의치 않았다. 그에게는 백정도, 양반도 그저 다 똑같은 사람일 뿐이었다.

실제로 강상호는 누군가 자신에게 백정이냐 물으면 "그렇다" 대답하였다. 지주도, 지식인도, 독립운동가도 아닌 백정이라고. 당신이 사람이냐 묻는 것만큼이나 자연스러운 대답이었다. 사람들도 당연한 듯 그를 백정으로 여겼다.

강상호의 아들은 어릴 적 아버지와 함께 길을 걸어가다 한 할머니가 손가락질하며 떠드는 소리를 들었다고 한다.

"저기 백정 두목 간다."

그냥 백정도 아닌 백정 '두목'이다. 대놓고 "백정놈. 백정 자식!" 하고 욕하는 소리도 있었다. 한 신문과의 인터뷰에서 강상호의 아들은 이런 이야기를 털어놓는다.

"아버지는 백정이 아니었지만 백정이기를 거부하지 않으셨어요. 백정의 인간 평등운동을 했기 때문에 누군가 백정이냐고 물으면 그렇다고 얘기하셨어요."

그리고 자신의 아버지를 이렇게 회고한다.

"아버지는 일제 때 창씨개명도 하지 않으셨던 분이에요. 형평운동 하면서 67번 잡혀갔는데 가족들과 식사하실 때도 항상 엉덩이를 들고 언제든 도망갈 수 있는 자세를 하셨죠. 인간 평등을 향한 아버지의 헌신은 정말 대단하셨어요."

인간 평등을 향한 그 대단한 헌신은 어디서 나오는 것일까. 대체 무엇이 한 사람에게 저런 실천과 희생을 가능하게 했을까? 그 대답은 이미 앞서 한 말에 나와 있다.

인간, 평등.

모든 인간은 평등하다. 백정이든 아니든. 바로 그것을 진실로 믿었기에 가능했던 것이다.

앞서 강상호는 뺨을 때리는 탁윤환의 폭력을 견뎠다. 그가 자신의
신분이나 위치를 조금이라도 높고 귀하게 생각했더라면 불가능할
일이었다. 하지만 그는 모든 인간은 진실로 평등함을 믿고 있었다.
그랬기에 지치지 않고 끝까지 나아갈 수 있었던 것이다.

게다가 강상호는 이것이 단순히 탁윤환 혼자만의 문제가 아니라
는 것을 알고 있었다. 백정을 향한 일반 평민들의 혐오와 천대는 오
래전부터 있어 왔다. 권력이 씌운 이중 가치관 속에서 평민들은 백
정을 멸시함으로써 자신들의 존재를 조금은 위로받았기 때문이다.
하지만 그런 상황을 만든 것은 보통 백성들이 아니었다.

진짜 문제는 오히려 그 뒤에 있는 배후 세력, 신분제를 견고히 유
지해 자신들의 영화와 이득을 취하려는 탐욕스러운 지배층에 있었
다. 따라서 이것은 사람과 양심의 문제가 아니라 체제와 구조의 문
제였다. 반형평운동은 그 사실을 극명하게 드러낸다.

진주시 향토문화 전자 정보를 제공하는 '한국향토문화전자대전'
에서는 이 사건이 일어난 원인의 핵심을 농민들이 아니라 그 뒤에
서 조종하고 있던 악질 지주들로 보았다.

진주 지역 농민들이 느닷없이 형평운동을 반대하고 나선 것은
은밀한 배후 조종을 받은 일부 농민들의 '불순한 선동'에 따른 것
이었다. 반형평운동에 동원된 농민들 대부분이 특정 지주들의 토
지를 소작하고 있거나 머슴살이를 하는 사람들이었다. 이들은 자

신들의 생계가 달려 있는 토지의 지주들로부터 백정들의 조직을 반대하라는 협박을 받았다.

이처럼 가난하고 힘없는 소작인과 머슴들을 반형평운동으로 내몰았던 지주들은 당시 강달영이 주도하는 진주노동공제회로부터 소작인을 탄압, 수탈하는 지주들로 지목을 받았던 사람들이었다.

한국향토문화전자대전, 디지털진주문화대전, '반형평운동' 항목

진주 지역의 오래된 지역신문인 《경남일보》에서도 같은 점을 짚고 있다.

"진주 지역 농민들의 백정 차별 감정을 이용하여, 백정들이 농민들을 얕잡아 보면서 장차 농민들 위에 군림하려 들지도 모른다는 유언비어로 소작인들을 선동했지요. 그러자 소작인들이 분통을 터뜨렸습니다. 가뜩이나 짓밟히고 사는 신세인데, 천민에 불과한 백정들까지 자신들을 무시하려 든다는 데는 참을 수가 없었지요. 단순한 감정을 폭발시킨 것입니다. 정녕 백정들이 소작인을 멸시하려 했는지 알아보지도 않은 채 지주들의 말만 믿은 것이지요."

정동주, 진주문화사 이야기(83), 《경남일보》 2003년 5월 6일

농민이 백정을 공격한 것이 아니라 농민을 이용해 '지주'가 백정을 공격한 것이다. "소작인을 탄압, 수탈하는 지주"가 자기들 욕심을 채우려고 또 다른 약자인 농민을 이용해 백정을 억누른 것이다.

그리고 이제는 백정들도 그것을 알았다. 문제는 가난하고 약한 백성들에게 있는 게 아니라, 오히려 그들 사이 갈등을 조장해서 이득을 얻으려는 힘센 권력층에 있다는 것을. 그래서 횡포한 강자 계급에 맞서 스스로 일어나라고 외친다.

열광하라, 백정 계급아! 용감히 뛰어라, 백정 계급아!

우리는 다 같은 사람으로서 과거 모든 불합리한 제도에 희생이 되어 오랫동안 긴 한숨과 짧은 탄식, 비분과 오열 속에서 원통하고 억울한 생활을 하여 오던 백정 계급이 아닌가? 우리는 횡포한 강자 계급에게 밟히고, 깎이고, 발리며 천대를 받아 오던 백정 계급이 아닌가?

궐기하라, 백정 계급아! 개탄 마라, 백정 계급아!

형평사 이리지회 '동인회' 격문

형평운동은 일제강점기 내내 굴곡을 겪는다.

수많은 사람들의 지지를 받는 만큼 탄압도 갈수록 심해졌다. 형평사 내부에서 노선 문제로 온건파와 급진파가 갈라지기도 했고, 1929년에는 항일 단체인 고려혁명당 사건에 연루되어 장지필을 비롯한 수뇌부가 검거되기도 했다. 결국 1935년 대동사로 이름을 바꾸면서 형평사의 맥은 끊기고 만다. 그러나 모든 인간은 평등하며 누구나 다 인간으로서 존엄성을 누려야 한다는 형평운동의 이념은 끝나지도, 결코 끝날 수도 없었다.

강상호 또한 형평사가 와해된 뒤에도 처음 품었던 인간 해방의 꿈을 놓지 않았다. 하지만 일제강점기가 지나고 해방을 맞이하고, 곧이어 한국전쟁을 거치면서 여전히 타오르는 그의 꿈과는 달리 그의 삶은 점차 외로움과 가난으로 물들어 갔다. 형평운동을 하느라 그 많던 천석꾼 재산도 야금야금 날아갔고, 40간 반듯했던 한옥도 한두 채씩 다 팔아 버렸다. 한때는 자신이 살았던 가좌리 마을의 세금을 통째로 내줄 만큼 엄청난 부를 지녔던 강상호였지만 거기에도 바닥은 있었다.

나중에는 끼니조차 잇기 힘들어 아내가 삯바느질과 누에치기를 해야 했다. 그의 아들은 고등학교에 갈 입학금 이만여 원이 없어서 원하는 학교에 들어갈 수도 없었다. 눈보라 치는 추운 겨울에 내복도 없이 찾아온 강상호를 보고 형평사원들이 함께 울었다는 일화도 전해질 만큼 지독한 가난이었다.

그리하여 어느 추운 초겨울, 떨칠 수 없는 가난 속에 강상호는 쓸쓸히 죽음을 맞는다. 1957년 11월 7일이었다. 그리고 죽음에 이르러서야 비로소 그가 살아온 삶의 가치가 드러난다. 강상호의 죽음이 알려지자마자 전국에서 형평사원들이 진주를 향해 앞 다투어 몰려들었다. 그들은 하나같이 머리에 두건을 쓴 채 기꺼이 상주가 되어 울며 장례를 치렀다.

강상호의 상여가 새벼리 선산으로 향할 때 사람들은 비로소 알게 되었다. 그의 삶이 어떠했는지를. 그가 평생을 바쳐 지켜온 신념이 어떻게 꽃처럼 피어나 새벼리 벌판을 하얗게 뒤덮는지를.

만장, 지하에서 눈물로 맞이하리니

만장은 죽은 이를 슬퍼하며 쓰는 글이다. 또는 그 글을 종이나 비단에 적어 매단 것을 뜻하기도 한다. 죽은 이를 상여에 싣고 산소로 향할 때 상여 뒤를 줄줄이 따르는 희디흰 깃발이 바로 이 만장이다.

그러다 보니 만장 행렬의 규모는 죽은 이의 살아생전 인덕을 재는 척도가 되기도 했다. 그래서 글을 쓰는 이는 글을 쓰고, 그림을 그리는 이는 그림을 그리고, 그도 저도 못하는 이는 상여 뒤 긴 행렬을 따라가며 서럽게 울면서 만장에 통곡과 노래를 보탠다.

강상호의 상여를 따르는 만장은 어떠하였을까.

만장 하나.

진주에 살던 한 형평사원 후손 아이. 아니, 한때는 어리고 깨끗한 아이였으나 이제는 세월의 풍상을 견디며 희끗희끗 중년이 된 사내, 또는 아낙이 말한다.

"처음 학교 갈 때 부모님 손을 잡고 간 것이 아니라 강상호 선생님의 손을 잡고 갔었어요."

그런 분이 강상호 선생님이었지요…….

천하다 손가락질하는 백정을 호적에 들이고, 학비를 내주고, 그렇게 한평생을 백정을 위한 형평운동에 다 바친 이가 바로 강상호였다. 그 희디흰 만장에는 "선생님의 손을 잡고 간" 아이가 쓴 글, 또는 그림, 또는 시린 눈물 자국이 가득 담겨 있었으리라.

만장 둘.

영결식 때 이제는 옛 형평사원, 옛 백정이 된 이복수는 떠나간 강상호를 기리며 길디긴 조사를 읊었다.

"오직 선생님만은 그 시대의 속칭 양반 계급임에도 불구하시고 자기의 신분의 명예를 포기하고 심지어 자기의 전 재산을 희사해 가면서 우리들의 고독한 사회적 지위의 인간 해방 계급 타파를 위해 선봉에 나서서 오직 자유, 인권, 평등을 부르짖으시며, 우리들 치학의 개방을 부르짖으시며, 우리만이 당해 오던 50만 동포를 위해 주야고심 투쟁을 하시지 않으셨습니까? 오, 위대하십니다. 장하십니다."

조사는 이렇게 끝을 맺는다.

"오호, 존경하옵신 선생님이시여, 당신의 동지들은 오늘 지하에서 눈물로서 오늘의 당신을 맞이할 것이 아닙니까. 오호, 무심하게 떠나신 선생님이시여, 길이길이 우리들을 보살펴 주소서. 그리하여 우리의 모임도 참된 꽃의 동산이 되어 한마음 한뜻으로 동지 간의 참된 친목의 모임체가 되게 하소서. 오호, 선생님이시여, 슬프옵니다. 고이고이 안녕히 잠드시옵소서!"

만장 셋.

후대에 진주 사는 한 시인은 새벼리 길섶 강상호의 무덤을 찾을 때면 늘 이런 마음이라고 고백한다.

"백촌 강상호. 이 이름 석 자만 들어도 나는 또 이내 뜨거워져. 그런데 나만 그런 게 아닌가 봐. 누가 선생의 무덤 옆 비석 뒤에다 이렇게 새겨 놓았어. '모진 풍진의 세월이 계속될수록 더욱더 그리워지는 선생님이십니다. -작은 시민이.'"

시인과 그 작은 시민처럼 드러내고 밝히지는 않았지만 가슴만은 뜨거웠던 수많은 이들의 마음 또한 만장에 담겨 따라갔으리라.

만장 넷.

햇살 눈부신 여름날, 팽나무 아래에서 매 맞아 죽은 스물아홉 백정 김강두. 그 아들의 이름은 삼수였다. 김삼수.

아비 없이 자란 그가 훗날 어찌 되었는지는 알 수 없지만, 백정 아비를 문상하고 힘들면 찾아오라 다정히 대해 준 강상호를 잊지 않았다면, 또한 아버지의 죽음을 마음 깊이 새겼다면 아마 씩씩하고 반듯하게 자랐으리라.

김강두 사건을 겪고 난 뒤 강상호는 《동아일보》 초대 진주 지국장을 하면서 옥봉촌 백정들을 자주 만났다. "생의 비밀 같은 시뻘건 통한의 핏덩어리"를 토해 내는 그들을 바라보면서 강상호는 더욱더 형평운동에 나아갈 힘을 얻었다. 그렇게 아마도 옥봉 사는, 서문 밖 서장대 아래 사는, 나불천 비탈에 사는 백정들의 이야기는 차곡차곡 쌓여 평등운동을 향한 힘이 되었을 것이다.

기억조차 못 할 무수히 많은 이들의 사연과 눈물 또한 길디긴 만장을 이루었으리라.

만장 다섯.

강상호의 장례는 형평장으로 치러졌다. 정확히는 '전국축산기업조합장', 곧 최초의 형평사 공식 장례로 치러진 것이다. 형평사원들에게 그의 의미가 어떠했는지 잘 보여 주는 대목이다. 강상호의 상여 뒤로는 "그가 평생을 두고 사랑했던 백정과 바람에 휘날리는 만장의 행렬이 끝없이 이어졌다" 전해진다.

훗날 강상호를 존경할 만한 현대사 인물로 새롭게 발굴한 《한겨레신문》은 그에 대한 기획 기사를 이렇게 끝맺었다.

　　그의 장례는 형평장이란 이름으로 아흐레 동안 치러졌고, 그의 상여가 나가는 날 진주 시내를 누비며 상여를 따랐던 사람들의 대다수는 그가 자신의 일생을 통해 가까이 다가서고자 했고 마침내 그 일원이 된 사람들 – 진실로 청백한 사람들, 백정들이었다.

　　　　　　　　　　고종석, '발굴 현대사 인물(14) 강상호', 《한겨레신문》 1990년 2월 16일

그가 일생을 통해 가까이 다가가고자 했던 진실로 청백한 사람들, 그들 또한 모두 끝도 없는 만장 행렬에 다 함께 동참했으리라. 그렇게 강상호는 떠났다.

백촌 강상호.

천석꾼 지주의 아들로 태어났지만 모든 부귀영화를 다 버리고 세상에서 가장 낮은 자들을 위해 헌신하다 끝내는 외롭게 죽어 간 사람. 하지만 그의 마지막은 삼일장도, 오일장도, 칠일장도 아닌 무려

구일장으로 치러졌으며, 수많은 사람들의 애도 속에 끝이 보이지 않았다던 만장 행렬은 그의 삶이 어떠했는지를 증명해 준다. 평등을 향한 그의 삶과 노력이 얼마나 소중한 것인지를 그 기나긴 만장 행렬이 말해 주는 것이다.

새백정 강상호. 백정들의 새아버지 강상호.

그를 비웃기 위해 붙였던 새백정이라는 말은 강상호에게는 오히려 가장 큰 훈장이 아니었을까. 새백정, 백정 두목. 양반 백정놈……. 기꺼이 그리 불리면서 그는 세상에서 가장 낮은 자들과 끝까지 함께했다. 그것이 강상호였다.

강상호를 기리는 조사에서 떠나간 동지들이 "눈물로서 오늘의 당신을 맞이할 것"이라 했던가. 거기에는 동료들뿐 아니라 뜨겁게 백정운동을 하다 이십여 년 전 먼저 떠났던 박성춘도 발 벗고 나와 주었을 것이다. 백정 모두에게 봄을 주고자 했던 박성춘과, 그 봄을 온 힘을 다해 앞당기고자 했던 강상호. 그렇게 백정의 아버지와 새아버지는 서로 만나 뜨겁게 안으며 함께 울고 웃었으리라.

세상은 백정에게 생명을 빼앗는 자라고 비웃었지만, 정작 백정들은 생명을 다루는 것을 가장 귀히 여기고 조심스러워하는 사람들이었다. 소를 잡을 때도 승려를 불러 명복을 비는 염불을 함께 외우며 온 정성을 다했다.

이때 부르는 염불은 백정에게 대대로 전해지는 우공태자 설화를 담고 있다. 하늘나라 태자였으나 소가 되어 땅에 떨어져 온갖 고역을 다 겪어야 했던 우공태자. 가장 고귀하면서도 가장 비천한 삶을 살아야 했던 하늘나라 태자의 고역과, 우공태자가 다시 하늘에 올라가 만날 찬란한 극락 이야기를 염불은 봄여름가을겨울, 사계절에 따라 조곤조곤 들려준다.

봄날 염불 한 토막을 만장을 대신해 옮겨 본다.

봄철에 눈이 녹아 만산에 꽃이 피니
풀 뜯던 우공태자 극락에 가는구나.
저리고 아픈 고역 속세 인간 위해 바쳐
극락에 계신 천왕님 그대를 가상타 하리.
관세음보살, 하감하소서, 나무아미타불.

아홉 번째 백정

사람은 그 누구나

형평운동은 10여 년의 활동을 끝으로 스러졌지만, 그 운동이 세상에 끼친 영향은 아주 컸다. 한낱 백정들이 모인 평등운동이 무에 그리 영향을 끼쳤겠냐고? 그렇게 묻는다면 당신은 이 운동의 의미를 제대로 알지 못하는 것이다.

형평운동 70주년을 기념해 나온 학술회의 논문집《형평운동의 재인식》에서는 형평운동이 지닌 사상의 특징을 크게 세 가지로 짚고 있다. 하나는 천부인권 사상이요, 둘째는 평등사상, 마지막으로는 '화해일치의 대동 관념'이다. 천부인권과 평등사상이야 따로 설명할 것 없겠으나, 마지막 대동 관념은 무엇일까?

형평운동의 바탕에는 기본으로 사회주의 사상이 깔려 있다. 하지만 사회주의와 다른 특징이 하나 있으니 흔히 말하는 '계급투쟁'의 개념이 전혀 없다는 것이다. 그보다는 다른 것이 있었다.

사회주의 사상에서 흔히 논의되고 있는, 새로운 사회의 창조가 혁명적인 계급 대결로 다른 한 계급을 완전히 패배시키려는 투쟁의 개념이 들어 있지 않았다는 점이다. 오히려 그보다는 모든 사람을 인간적인 존재로 발전시킴으로써 그들이 하나로 화해 일치되는 **화평세계**를 만들려는 것이 그들의 최종적인 목표였다. 백정으로 지냈던 그들의 신고(辛苦, 고통)를 다른 사람에게 떠넘기려는 것이 아니라 그 신고를 자신들의 해방에 의해서 해소하려는 성격을 보여 주었기 때문이다.

진덕규, '형평운동의 사상사적 인식', 《형평운동의 재인식》 제1장

그랬다. 백정들은 다른 계급을 패배시키고자 형평운동을 하는 것이 아니었다. 혁명 대결이나 투쟁도 원하지 않았고, 대대로 겪어 온 그 끔찍한 고통조차 다른 계급에 떠넘기려 하지 않았다. 그보다는 오히려 그 고통을 '자신들의 해방'으로 해소하고자 하였다.

백정 스스로 해방되는 것.

백정 스스로 인간으로서 자유로워지는 것.

그럼으로써 모든 억압과 굴레에서 벗어나려 했던 것이다. 그것이 형평운동의 진정한 목표이자 의지였다. 더 나아가 그 의지는 자신에게만 머무르지 않았다.

우리들이 그랬듯 '당신들'도 해방되기를.

당신들도 우리처럼 스스로 인간으로서 자유로워지기를.

형평운동의 대상에는 비단 백정뿐 아니라 백정을 잘못 생각하는 '일반 사회인들'까지 다 포함되어 있었다. 그들 또한 잘못된 편견에서 벗어나 진정한 인간의 가치를 깨달아야 하는 대상이었던 것이다. 세상의 모든 불평등, 불공평, 부조리함에서 해방되어야 하는 것은 나뿐 아니라 당신도 마찬가지이기 때문이다.

그렇게 모든 사람이 "인간적인 존재로 발전하는 것."

그럼으로써 "하나로 화해 일치되는 화평세계를 만드는 것."

그것이 백정이 바라는 진짜 세상의 모습이었다. 거기에는 백정 집단만의 이기적인 욕심은 한 톨도 없었다.

(형평운동은) 자기 집단만의 특정성을 중심으로 하는 집단이기주의적인 성격으로 전개된 것이 아니라 '전체 사회 구성원의 인간화'라는 차원에서 이루어졌다는 점이 중요하다.

그러므로 형평운동은 자기 신분이나 집단만의 해방만을 구현하는 것이 아니라 그러한 해방을 통하여 전 사회 구성원들의 실제적인 인간화로 나아가려는 지향성을 그 뒤 신분운동이나 사회운동이 갖도록 영향을 끼치게 되었다.

형평운동의 놀라운 점이 여기에 있다.

형평운동이 시작된 1920년대는 '사회운동의 시대'라는 말이 나돌 만큼 사회운동이 활발하던 시기였다. '직업적 사회운동가'라고 불리는 지식인들이나 활동가도 많았다. 하지만 절대 바뀌지 않는 식민지 현실 앞에서 그들은 점차 지치고 타성에 젖기 시작했다. 이론만 앞세우고 실천은 하나도 없이 점점 무기력해져 갔다. 이런 때에 가장 낮은 자들이 일으킨 "사회 구성원 모두의 화평세계"는 그야말로 신선한 바람을 일으켰다.

아무리 좋은 이념도 실천이 따르지 않으면 헛될 뿐이다. 형평운동은 가장 밑바닥 백정들이 일어선 만큼 가장 구체적인 실천과 변화의 모습을 보여 주었다. 그리고 그 살아 있는 실천력과 실제적인 인간화로 나아가는 '지향성'을 다른 운동에까지 널리 전파시켰다. 그렇게 사회운동의 지평을 크고도 새롭게 넓혔다.

투쟁보다는 화평을, 계급보다는 해방을, 신고를 떠넘기기보다는 함께 손을 잡는 뜨거운 방향성을 사회 모든 단체들에게 전파했던 것이다. 그렇게 모두가 '함께' 해방되어서 백정을, 천대받는 자를, 세상의 모든 '약자'를 진심으로 평등하게 대할 때 비로소 세상은 한 단계 앞으로 나아갈 수 있기 때문이다.

그래서 먼저 손을 내밀었던 것이다. 가장 낮은 자리에서 가장 많은 고통을 받았던 사람들이 그 기억을 다 덮겠노라고, 그 대신 함께 해방되자고 기꺼이 거칠고 메마른 손을 내밀었던 것이다.

가장 천하기에 가장 무서운 자.

그렇다. 얼마나 무서울까. 천하다지만 스스로 그 천함에서 해방되었고, 세상 사람 모두가 함께 해방되는 화평세상을 꿈꾸며, 그런 세상을 위해 기꺼이 자신의 고통을 덮고 다른 이에게 손 내미는 자. 얼마나 무섭고 또 얼마나 아름다운가.

세상은 그들을 이종에 별종이라고 따돌리며 자기 테두리 안에 들어오지 못하게 했다. 그러나 백정들은 오히려 그 반대, 자기 해방을 넘어서 당신들의 해방까지 함께 이루자고 영차영차 테두리를 넓혔다. 그렇게 사람이면 그 누구나, 그 어떤 사람이든 모두가 다 자유롭게 해방되었을 때 진짜 평등한 세상이 도래할 수 있기 때문이다. 그것이 백정이 바라는 세상의 넓은 지붕, 그토록 무섭고도 아름다운 화평세계의 드넓은 테두리였다.

그러므로 백정 이야기를 마무리하는 이때, 어찌 마지막 백정으로 '사람은 그 누구나'를 짚지 않을 수 있을까. 형평운동은 백정만의 운동이 아니었다. 나와 너, 우리와 당신들, 이 세상이 물풀처럼 고르고 가지런하기를 바라는 모든 사람들의 운동이었다.

우공태자 설화의 마지막 겨울 부분은 이렇게 끝이 난다.

"인간의 악귀가 그대 앞에 굴복하리."

그 악귀는 아마도 제 이익만을 위해 세상에 온갖 차별과 불평등을 만드는 지배층이요, 권력자가 아닐까. 하지만 그 악귀들도 결국 이승의 고역을 견디고 하늘나라로 오르는 우공태자 앞에 굴복한다. 긴 고통과 질곡을 견디고 마침내 '자신들'의 해방과 '당신들'의 해방까지 이루어 내는 백정들처럼.

투쟁보다는 화평을, 적대보다는 해방을.

그렇게 백정이 온몸으로 보여 준 대동 관념의 화평세상이야말로 '사람은 그 누구나' 꿈꾸는 진짜 당래 세상이 아닐까. 그러므로 그런 평등한 세상을 꿈꾸는 누구나, 사람은 그 누구나, 우리들은 모두…… 백정이었다.

봄철에 눈이 녹아 만산에 꽃이 피니
풀 뜯던 우공태자 극락에 가는구나.
저리고 아픈 고역 속세 인간 위해 바쳐
극락에 계신 천왕님 그대를 가상타 하리.

시냇가에 있는 풀이 푸르고 또 푸르다.
극락에 있는 풀은 태자의 것이로다.
하늘에 계신 천왕님 그대를 맞으리니
금빛 옷에 큰 잔치가 그대를 위로하리.

하늘나라 가을은 곡식이 많으리라.
땀 흘려 애쓴 고역 하늘에서 쉼 있으리.
열반 곡창이 태자의 것이 되니
억만년 살고 지고 태자 만강하리로다.

눈꽃이 열반길에 꽃이 되어 흩날리니

태자도 좋을시고 기뻐하여 맞으리라.

천왕님 팔에 쉬어 속세를 가리키니

인간의 악귀가 그대 앞에 굴복하리. ◉

나가는 글

"백정도 사람이다!" 목이 터져라 부르짖었던 가장 천한 자들의 역사를 통해 우리가 배울 수 있었던 가장 큰 진리, "사람은 누구나 다 평등하다." 그 진리를 향해, 모든 불평등과 억압의 줄을 없애기 위해 한 걸음, 한 걸음씩 앞으로 나아가야만 하는 것이지요.

여기 오래된 사진이 한 장 있습니다.

사진에는 웃통을 드러낸 사내 아홉 명이 쭉 늘어서 있습니다. 햇볕에 그을린 거무죽죽한 얼굴, 대충 상투를 틀어 올린 머리, 허리에는 허름한 잠방이를 걸치고 상의를 벗은 몸은 윤기가 하나도 없이 메말라 보입니다. 생김도 들쭉날쭉, 나이도 들쭉날쭉, 키도 들쭉날쭉한 사내들에게 공통점이 하나 있다면 아마도 초점 없이 이리저리 흩어져 있는 시선이겠지요.

사진이 찍힌 곳은 1911년 함경도.

일제가 한참 한국인의 체격과 체질을 조사하던 때입니다. 남의 나라 사람들 체질을 조사한다고 나선 일본도 우습지만, 그걸 거절하지 않고 들어준 정부도 참 우습고 한심합니다. 더 나아가 정부는 양민들이 모두 펄쩍 뛰며 조사를 거부하자 가장 손쉬운 백정과 하층민들을 끌고 와 일본 쪽에 넘겨줍니다.

그렇습니다. 저 사진은 일제의 표본 조사에 강제로 동원된 백정들이 찍힌 것입니다. 수백 년 동안 끝없이 착취당했던 백정들은 또다시 저렇게 표본이 되어 인간의 존엄을 잃은 채 사진에 박혔지요. 그들의 표정에 담긴 감정이 공허하다 느껴지는 것도 그 때문일 것입니다. 사내들 사진 말고도 백정 아낙들이 찍힌 사진도 있는데, 그 사진에 나온 표정들도 비슷합니다.

무심하기도 하고, 지쳐 보이기도 하고, 어딘가 텅 비어 보이는 눈빛. 당연한 일이겠지요. 누군가 억지로 데려다 옷을 벗기고, 치수를 재고, 사진을 찍고 구경한다면 과연 그 모멸감을 참을 수 있을까요? 그런데도 거부하지 못하는 것이 당시 백정의 처지였습니다.

"종들보다도 더 낮게 다뤄진다."

"인류 밖에 있는, 품위를 잃은 존재이다."

어느 외국인 선교사가 말했듯이, 신분제가 철폐된 이후로도 오랫동안 백정들은 그렇게 살아야 했습니다. 그런 것이 흔한 백정의 삶이었지요.

지금까지 이 땅에서 살아온 백정 이야기를 해 보았습니다.

일제강점기 형평운동을 끝으로 더는 백정이란 말이 사람들 입에 중요한 주제로 오르내리는 일은 없었습니다. 곧 이은 해방과 한국전쟁, 한강의 기적, 군부독재, 5월 광주, 1987년, 촛불과 민중 대통령……. 세월이 흐를수록 백정의 의미는 퇴색하고, 백정의 일이라는 것도 큰 의미가 없을 만큼 도살업도 점차 세분화되었지요. 그사이 생긴 공백은 기계가 대신하고 공장이 대신하게 되었습니다. 그토록 모질고 길었던 백정 집단의 눈물과 고통도 이제는 저 머나먼 뒤편으로 사라졌다 보이지요.

하지만 정말로 이 모든 것이, 이 모든 차별과 억압이 사라졌다 할 수 있을까요? 일제강점기 한 형평사원은 인권해방을 이루려면 "우리의 몸에 얽힌 그 '줄', 보아도 보이지 않는 그 줄을 끊어 버리려 함이 가장 중대한 문제"라고 했습니다. 어쩌면 그 줄은 여전히 '보아도 보이지 않는' 또 다른 매듭이 되어 백정을, 아니, 백정처럼 억압받는 약자들을 누르고 있는 것은 아닐까요?

책의 전체 흐름 때문에 본문에 다 넣지 못한 이야기들 가운데 범 사냥꾼이 있습니다. 유목민이었던 백정은 "말도 잘 타고, 활도 잘 쏘며, 사납고 용맹하여 짐승을 사냥하는 데 익숙하다" 전해지듯 날래고 힘센 사냥꾼이 많았습니다. 심지어 영물이라는 호랑이를 잡을 만큼 뛰어난 실력을 가진 이도 있었지요.

그중에서도 한복련은 아주 뛰어난 범 사냥꾼으로 임금이 손수 재능을 시험해 보고 벼슬을 내린 인물입니다. 세조가 황해도 순행길에 한복련을 만나는데 그때 한복련은 이렇게 말합니다.

"제가 다른 기술은 없사오나 호랑이는 좀 잡습니다. 이제껏 잡은 호랑이만도 사십여 마리나 됩지요."

임금은 재미있어 하며 당장 잡아 보라고 시킵니다. 그리고 한복련이 장담한 대로 너끈히 호랑이를 잡아 올리자 호탕하게 공로를 인정하고 겸사복 벼슬을 내립니다.

다른 짐승도 아니고 무려 호랑이를, 마치 뒷산의 토끼 잡듯 슥 잡아서 바친 사내. 임금마저 감탄한 용감한 사냥꾼. 그것이 바로 조선의 범 사냥꾼, 또 다른 백정 무리였습니다.

20세기 초까지도 이 사냥꾼들은 여전히 용감하게 살아가고 있었습니다. 하지만 한때는 산신령이라 불렸던 호랑이가 개발에 밀려 서서히 한반도에서 사라졌듯 그들도 서서히 사라져 갔지요. 그 마지막 퇴장이 참 강렬합니다.

1866년 병인양요 때 가톨릭 탄압을 빌미로 프랑스 함대가 강화도를 침범하지요. 이때 대적할 만한 정규군이 마땅히 없던 조선은 평안도에 사는 범 사냥꾼들을 데려와 프랑스군과 싸우게 합니다. 최신 무기라고는 하나도 없이 활과 창, 구식 대포만으로 싸우는 그들을 프랑스군은 몹시 얕잡아 보지요. 그러다 오히려 용맹한 사냥꾼들에게 대패를 당합니다.

1871년 신미양요 때도 비슷한 일이 일어납니다. 대동강에서 불탄 제너럴셔먼호 사건을 핑계 삼아 미군 함대가 강화도를 침범하지요. 범 사냥꾼들이 다시 끌려옵니다. 사냥꾼들은 여전히 용감히 싸우는데, 특히 중요 진지였던 광성보 전투에서는 구식 창과 칼로 신식 총과 함대의 포탄에 맞서 "끈덕지게 버티는 검은 얼굴의 적들의 용기"에 미군은 놀라움을 감추지 못했다고 전해집니다.

그러나 그 용기는 배수진처럼 죽음과 맞닿아 있는 용기였습니다. 당시 전투에 동원된 사냥꾼들은 요새를 지키지 못하면 자신뿐 아니라 남은 식구들까지 다 죽으리라는 것을 알고 있었으니까요.

◦ 광성보 요새는 호랑이 사냥꾼들이 지키고 있었다. 그들은 만약 적 앞에서 움츠러들다가는 자기 동족에 의하여 처형되도록 되어 있었다.　　　　　　W. E. 그리피스, 《은자의 나라 한국》, 제46장 신미양요

◦ 광성보를 함락함에 있어서 미군의 작전은 힘겨운 것이었다. 이곳은 강화의 제진 가운데 가장 요충지이기 때문에 조선 수비병은 결사적으로 싸웠다. 더군다나 이 성 안에는 범 사냥꾼이 있었는데, 만약 이들이 적이 두려워서 도망간다면 조선 백성들에게 죽음을 당하기 때문이다.　　　　　　　　　　　E. M. Cable,
《The United States–Korean Relation 1866~1871》, 《근대한미관계사》 재인용

조선 백성에게 죽임을 당한다.

자기 동족에 의하여 처형된다.

어째서 남의 나라 군대와 맞서 싸우는 용감한 사냥꾼들이 자기 동족에게 죽음을 당한다 말하는 것일까요? 왜 같은 동포들이 자기들을 지키려고 싸우는 사냥꾼들에게 물러서면 처형하겠다고 협박을 하는 것일까요?

그들이 바로 백정이기 때문입니다. 세상에서 가장 낮고 천한 자, 수백 년 착취당한 것으로도 모자라 목숨을 걸고 방패막이가 되어도 당연하다 여겨지는 "백성이되, 백성이 아닌" 자들. 모두에게 버림받은 백성이기 때문입니다.

그런데도 그들은 뒤에 남은 식구들과 나라를 위해 결코 물러서지 않습니다. 그저 묵묵히 총과 대포에 맞서 창과 칼로, 그것도 없으면

돌맹이에 맨주먹으로 적들의 눈에 모래를 뿌려 가며 싸웁니다. 총 알을 맞고 강물 속을 뒹굴다 빠져 죽기도 하고, 스스로 목을 찔러 자살하기도 합니다. 적들인 미군조차 그 처절한 항전에 감탄해 "가족과 국가를 위해 이보다 더 장렬하게 싸운 국민을 다시는 찾아볼 수 없었다" 말할 정도였으니까요.

죽음으로밖에는 존재 가치를 증명할 수 없었던 사람들, 그들 또한 이 땅의 백정이었습니다. 대체 무엇이 저 강하고 용맹한 사람들에게 저런 굴레를 씌웠을까요? 대체 그 누가?

당신입니다.

세상입니다.

귀함과 천함, 양반과 상놈, 지배자와 피지배자. 그러한 세상의 모든 불평등한 등급을 만들어 낸, 그리고 그 등급에 섞여 순응하며 살아가는 모든 사람들이 바로 그 굴레의 피해자이자 동시에 가해자입니다. 바로 우리가, 그 지옥 같은 굴레를 만들어 낸 것입니다.

조선 정조 때 문신 김려가 쓴 '방주의 노래'라는 장편 서사시가 있습니다. 방주는 씩씩하고 슬기로운 백정의 딸입니다. '방주의 노래'는 이 방주가 종사품 무관 '파총'의 청혼을, 정확히는 파총의 아들과 혼인해 달라는 청혼을 받는 것이 주요 내용입니다. 그래서인지 이 시에서 두드러지는 것은 방주의 두 아버지입니다. 마치 박성춘과 강상호가 그러했듯이, 키워 준 백정 아버지와 며느리를 얻고 싶은 양반 시아버지가 방주를 두고 서로 만나지요.

방주의 아버지는 이제껏 있던 백정이라는 선입견을 싹 씻어 내

듯, 아주 다정하고 자기 일을 사랑하는 사람으로 나옵니다. 그 모습을 짧게 살펴볼까요?

> 조상은 대대로 백정이어서
> 강가의 버들을 사랑했거니,
> 버들이 잘 자라면 살림이 펴이고
> 버들이 못 자라면 사람도 지실들었지(시들었지).
> 아버지는 진심으로 말할 때마다
> 방주, 방주 부르며 사랑하였고
> 방주도 순정으로 말할 때마다
> 아빠, 아빠 부르며 자라났다네.   김려, 《담정유고》 권12

이 다정한 아버지는 파총을 믿지 못하고 그의 청을 거절합니다. 하지만 파총도 만만치 않지요. 어려서 부모를 잃고 갖은 고생을 다 해 본 파총은 양반으로는 드물게 사람의 외면보다는 내면을 볼 줄 아는 사람이었습니다. 그래서 물러서지 않고 이렇게 말하지요. 이 시의 핵심 서사가 바로 이때 드러납니다.

> 공손함도 지나치면 예의 아니고
> 뜻이 맞으면 누구나 친구가 될 수 있지.
> 서로 정이 깊으면 형제인 거지
> 무슨 거리낌이 따로 있겠나.

천지만물을 낳고 기르는 하늘의 뜻은
고르고 가지런하여 치우침이 없건만,
그런데도 공연히 등급을 갈라
이 세상은 지옥처럼 되었네그려.

그렇습니다. 하늘의 뜻은 고르고 가지런하여 치우침이 없지요. 오히려 '누구나 다' 친구가 될 수 있는 평등한 세상을 바랄 것입니다. 그런데도 공연히 등급을 가른 것은 그래야만 더 많이 갖고, 더 많이 누릴 수 있는 권력의 탐욕과 이기심 때문이겠지요. 그 때문에 이 세상은 지옥이 되어 버렸습니다그려.

그러니 어찌 그 지옥을 그냥 내버려 두겠습니까.

탈춤과 마당극이 만나는 하회별신굿탈놀이에는 온갖 계층 사람들을 상징하는 탈이 나옵니다. 그중 백정탈도 있지요. 그런데 백정탈은 처음에는 살생을 하고는 "늘 죄의식 속에서 살다가 천둥벼락이 치는 날, 결국은 미쳐 버리는 역할"이었답니다.

하지만 그런 모습이 진짜 백정다운 것은 아니지요. 그래서 지금은 백정탈이 단숨에 소를 잡고는 소에게서 떼어 낸 염통과 우랑(牛囊, 소불알)을 사람들에게 팔면서 점잖은 척 구는 양반과 위선자들을 놀리는 역할로 바뀌었답니다.

이를 두고 혹자는 분석하기를, "신분 차별의 제도적 모순에 저항하고 겉으로는 성을 금기시하며 은밀하게 성을 즐기는 유교 체제의 도덕률과 양반들의 도덕적 위선을 비판하는 역할"이라고 합니다만, 분석된 기록보다는 백정탈의 말이 좀 더 와 닿습니다.

"아따, 남의 눈치는 머 할라꼬 보니껴? 그지 말고 얼른 사소, 얼른요. 지 돈 주고 지 양기 돈꿀라 카는데 누가 머라 카니껴? 헤헤헤……. 그놈으 서너 푼치도 안 되는 체면 점잔 때문에 이놈으 장사, 망했네, 망했어. 에이고, 장사도 안 되고 춤이나 실컷 추다 가야 되것다!"

그리고 남들이 보기에는 뻣뻣한 '몽두리춤', 자기가 보기에는 흥에 겨운 흥춤을 추며 나갑니다. 사람들은 백정탈과 더불어 울고 웃으며 함께 즐기지요.

맞습니다. 눈치는 왜 봅니까. 그저 뜻만 맞으면 누구나 친구가 될 수 있는 세상이 진짜 좋은 것인데요. 그런데도 아직도 주변을 둘러보면, 세상은 여전히 울퉁불퉁 공평하지 못한 것 같습니다. 백정 계급이 사라진 지 오래인데도 아직도 한 뼘 차별의 간격은 좁혀지지 않았고, 가난하고 힘없는 사람들은 여전히 보이지 않는 줄에 얽매어 있는 듯 살기 힘들기만 합니다. 이러다 영영 모두가 평등한 화평 세상은 오지 않는 것일까요?

진주에 있는 형평운동기념탑에는 이런 문구가 새겨져 있습니다.

멸시와 천대에 시달리던 백정들과 그들의 처지에 공감한 분들이 힘을 모아 펼친 형평운동은 수천 년에 걸친 신분 차별의 고질을 없애려는 우리나라 인권운동의 금자탑이다. 누구나 공평하게 인간 존엄을 누리고 서로 사랑하며 사는 사회를 만들자던 형평운동의 높은 이상은 오늘날 아직도 이루지 못한 인류의 꿈으로 남아 있어서 그때의 운동이 더욱 돋보인다.

그렇습니다.

형평운동은 미완의 운동, "아직도 이루지 못한 인류의 꿈"으로 남아 있는 운동입니다. 이 세상에 착취와 차별이, 억압과 등급이 남아 있는 한 끝없이 이루고자 노력해야 하는 미완의 꿈인 것입니다. 하지만 꿈은, 꿈꾸는 동안에는 희망이 되고, 희망이 있는 한 세상은 한 걸음씩 앞으로 나아갈 수 있는 법이지요.

"백정도 사람이다!"

목이 터져라 부르짖었던 가장 천한 자들의 역사를 통해 우리가 배울 수 있었던 가장 큰 진리.

"사람은 누구나 다 평등하다."

그 진리를 향해, 멀어졌던 한 뼘 간격을 지우고 눈에 보이지 않는 모든 불평등과 억압의 줄을 없애기 위해 한 걸음, 한 걸음씩 앞으로 나아가야만 하는 것이지요.

누가 그렇게 할 수 있냐고요? 당신과 나, 바로 우리가요.

백정들과 "그들의 처지에 공감한" 사람들이, 세상의 모든 억압받는 자들과 그들의 편에 서서 평등한 세상을 꿈꾸는 사람들이, 그렇게 우리 모두가 함께라면 세상은 분명 미완이 아닌, 진실로 온전한 화평세상으로 완성될 것입니다. 그렇게 누구나 다 자유로운 평등세상, 누구나 다 행복한 대동세상이 꼭 오고야 말 것입니다.

당연히 그렇지 않을까요. 아니, 그래야만 하지 않을까요? 아니, 아니, 그럴 수밖에 없지 않을까요? 아마도 백정탈이 이 글을 봤다면 껄껄대며 이렇게 말해 줄 것 같군요.

"아따, 남의 눈치는 뭐 할라꼬 보니껴? 그지 말고 글 다 썼으면 춤이나 추소. 춤이나 실컷 추다 가소." ◉

참고 문헌

단행본

W. E. 그리피스, 《은자의 나라 한국》, 신복룡 역주, 집문당, 1999.

강준만, 《한국 근대사 산책 1, 3》 인물과사상사, 2007.

강태민, 《한국 근·현대 민중 운동사》, 변증법, 2008.

고숙화, 《형평운동》, 독립기념관 한국독립운동사연구소, 2008.

국사편찬위원회 편, 《한국문화사 35 '몸'으로 본 한국여성사》, 경인문화사, 2011.

국사편찬위원회 편, 《한국사18 청일전쟁과 갑오개혁》, 《한국사49 민족운동의 분화와 대중운동》, 국사편찬위원회, 2000-2001.

국사편찬위원회 편, 《한민족독립운동사》, 국사편찬위원회, 1987-1994.

권오영 외, 《어시재 최성환 연구》, 학자원, 2017.

김려, 《글짓기 조심하소》, 오희복 역, 보리, 2006.

김시습, 《국역 매월당집》, 세종대왕기념사업회, 1977.

김시습, 《매월당전집》, 강원향토문화연구회 편, 강원도, 2000.

김원모, 《근대한미관계사》, 철학과현실사, 1992.

김정인, 《민주주의를 향한 역사》, 책과함께, 2015.

김중섭, 《평등 사회를 향하여》, 지식산업사, 2015.

김중섭, 《형평 운동 연구 - 일제 침략기 백정의 사회사》, 민영사, 1994.

김중섭, 《형평운동》, 지식산업사, 2001.

남효온, 《추강집》, 민족문화추진회, 2007.

독립운동사편찬위원회 편, 《독립운동사10 대중투쟁사》, 《독립운동사자료집14 대중투쟁사자료집》, 독립유공자사업기금 운용위원회, 1970-1978.

민병삼, 《천민, 나는 백정이다》, 나남, 2017.

박경리, 《토지》, 솔출판사, 1993-1994.

박종성, 《백정과 기생, 조선천민사의 두 얼굴》, 서울대학교 출판부, 2003.

샤를르 달레, 《한국천주교회사》, 안응렬, 최석우 역, 분도, 1979-1980.

서거정, 《태평한화골계전》, 박경신 역, 지만지, 2011.

서긍, 《고려도경》, 이경록 외 역, 황소자리, 2005.

서긍, 《고려도경-송나라 사신, 고려를 그리다》, 민족문화추진회 역, 서해문집, 2005.

서정범 외, 《숨어사는 외톨박이-전통 사회의 황혼에 선 사람들》, 뿌리깊은나무, 1993.

성대중, 《규장각 교리 성대중이 쓴, 궁궐 밖의 역사》, 열린터, 2007.

성대중, 《청성잡기》, 김종태 외 옮김, 민족문화추진회, 2006.

세종대왕기념사업회 편, 《국조인물고 22》, 세종대왕기념사업회, 2005.

송시열, 《송자대전》, 민족문화추진회, 1988-1995.

이이화, 《인물로 읽는 한국사8 빼앗긴 들에도 봄은 오리니》, 김영사, 2008.

이희근, 《백정, 외면당한 역사의 진실》, 책밭, 2013.

정교, 《대한계년사》, 변주승 역, 소명출판, 2004.

정동주, 《백정》, 열린책들, 1988.

진덕규 외, 《형평운동의 재인식》, 형평운동 7주년기념사업회 편, 솔출판사, 1993.

차상찬, 《조선의 백정 이야기(전자책)》, 온이퍼브, 2015년.

최인진, 《한국사진사》, 눈빛, 1999.

한국독립운동사연구소 편, 《독립운동 사적지를 찾아서3 경상·제주》, 독립기념관 한국
    독립운동사연구소, 2012.

한국정신문화연구원 편집부, 《구비문학대계》, 한국학중앙연구원, 1980-.

황순원, 《일월》, 문학과지성사, 1993.

논문

강만길, 〈선초 백정고〉, 『사학연구』 제18호, 1964년.

고숙화, 〈일제하 형평사 연구〉, 이화여자대학교 박사학위 논문, 1995.

고숙화, 〈형평사에 대한 일연구〉, 『사학연구』 제38호, 1984.

김동진, 〈1528년 안동 부북 주촌호적 단편에 나타난 협거 신백정의 삶〉, 『고문서연구』
    제39호, 2011.

김동진, 〈16세기 성주지방 백정계열 가계의 사회경제적 위상 변동〉, 『역사와 담론』 제 61호, 2012.

김동진, 〈조선 전기 백정에 대한 제민화 정책의 성과〉, 『역사민속학』 제29호, 2009.

김명환, 〈형평운동의 역사적 가치와 오늘날의 사회적 의미〉, 『최고관리자과정논문집』 제11호, 1997.

김의환, 〈일제치하의 형평운동고〉 『향토서울』 제31호, 1967.

김일수, 〈일제강점기 '예천형평사 사건'과 경북 예천지역 사회운동〉, 『안동사학』 제8호, 2003.

김종호, 〈《일월(日月)》의 원형적 구조 분석〉, 『어문연구』 제39호, 2011.

김중섭, 〈1920년대 형평운동의 형성 과정〉, 『동방학지』 제59호, 1988.

김중섭, 〈조선 전기 백정 정책과 사회적 지위-통합, 배제, 통제의 삼중주〉, 『조선시대사학보』 제168호, 2014.

김중섭, 〈조선시대 백정의 기원에 대한 역사 사회학적 고찰〉, 『동방학지』 제164호, 2013.

김중섭, 〈한국의 백정과 일본의 피차별 부락민의 비교 연구〉, 『현상과 인식』 제38호, 2014.

김중섭, 유낙근, 〈1920년대 초 사회운동의 동향〉, 『현상과 인식』 제4호, 1986.

문철영, 〈고려말 조선초 백정의 신분과 차역〉, 『한국사론』 제26호, 1991.

문흥술, 〈백정 설화에 내재된 전통적 가치와 '이야기의 소설화'〉, 『현대소설연구』 제59호, 2015.

박세경, 〈1920년대 조선과 일본의 신분해방운동-형평사와 수평사를 중심으로〉, 『일본근대학연구』 제23호, 2009.

박종성, 〈조선 백정의 사회적 불만과 정치화〉, 『사회과학연구』 제16호, 2003.

박형우, 홍정완, 〈박서양의 의료활동과 독립운동〉, 『의사학』 제29호, 2006.

박환규, 〈일제하 형평사 연구(I)〉, 『논문집』 제9호, 1986.

송기호, 〈백정과 광대〉, 『대한토목학회지』 제55호, 2007.

신종한, 〈근대 신분제도의 변동과 일상생활의 재편 – 형평운동과 백정들의 일상〉, 『동양학』 제47호, 2010.

오환일, 〈한말 백정에 대한 수탈과 백정층의 동향〉, 『사학연구』 제54호, 1997.

유창규, 〈고려의 백정 농민〉, 『전남사학』 제11호, 1997.

윤철홍, 〈박경리 《토지》에 나타난 진주지역에서의 형평사운동에 관한 소고〉, 『법과 사회』 제49집, 2015.

이준구, 〈대한제국기 도한(屠漢, 백정)의 호구 양상과 사회·경제적 처지〉, 『대구사학』 제92호, 2008.

이준구, 〈조선시대 백정의 전신 양수척, 재인, 화척, 달달-그 내력과 삶의 모습을 중심으로〉, 『조선사연구』 제9호, 2000.

이준구, 〈조선전기 백정의 범죄상과 제민화 족책〉, 『대구사학』 제56호, 1998.

이준구, 〈조선후기 마을을 이루고 산 고리백정의 존재양상-《대구부호구장적(大丘府戶口帳籍)》을 중심으로〉, 『조선사연구』 제10호, 2001.

이준구, 〈조선후기 백정의 존재양상-대구부 서상면 노하리 백정부락을 중심으로〉, 『대구사학』 제53호, 1997.

이해영, 〈하회탈놀이의 철학적 의미〉, 『하회탈과 하회탈춤의 美學』 제8호, 1999.

전홍우, 〈일제강점기 강원지역 형평운동〉, 『인문과학연구』 제38호, 2013.

정운형, 〈박서양의 간도 이주와 활동〉, 『연세의사학』 제21호, 2018.

최영성, 〈일제시기의 형평운동과 자유주의-'신분 해방운동'의 성격이 지닌 의미를 중심으로〉, 『한국 철학논집』 제19호, 2006.

한희숙, 〈조선 태종·세종대 백정의 생활상과 도적 활동〉, 『한국사학보』 제6호, 1999.

신문과 잡지

《가정잡지》 1908년 1월호.

《경남일보》 유홍준, 작가와 떠나는 경남 산책(34)-유홍준 시인이 찾은 진주 형평운동 사적지, 2013년 2월 14일.

《경남일보》 정동주, 진주문화사 이야기, 2003년 5월 6일 외.

《동아일보》 1923년 5월 18일 외.

《서울신문》 2004년 1월 12일 외.

《정진》1929년 5월 창간호.

《조선일보》1923년 5월 3일 외.

《한겨레신문》고종석, 발굴 현대사 인물(14), 1990년 2월 16일.

《황성신문》1900년 2월 5일 외.

웹 사이트

국립국어원 표준국어대사전 http://stdweb2.korean.go.kr

국사편찬위원회 http://www.history.go.kr/

네이버 뉴스 라이브러리 https://newslibrary.naver.com

대한민국 신문 아카이브 http://www.nl.go.kr/newspaper

독립기념관 한국독립운동정보시스템 https://search.i815.or.kr

두산세계대백과사전 두피디아 https://www.doopedia.co.kr

디지털진주문화대전 http://jinju.grandculture.net

문화콘텐츠닷컴 https://www.culturecontent.com

왕실도서관 장서각 디지털 아카이브 http://yoksa.aks.ac.kr

우리역사넷 http://contents.history.go.kr/front

장달수의 한국학카페 http://cafe.daum.net/jangdalsoo

조선왕조실록 http://sillok.history.go.kr

하회별신굿탈놀이보존회 https://www.hahoemask.co.kr/

한국구비문학대계 https://gubi.aks.ac.kr

한국민족문화대백과사전 http://encykorea.aks.ac.k

한국사 데이터베이스 http://db.history.go.kr

형평운동기념사업회 http://www.hpmove.com

한국전통지식포탈 http://www.koreantk.com

* 단행본, 신문, 잡지는 《 》로, 논문은 〈 〉로, 학술지나 논문집은 『 』로 표기하였다.

보리 한국사 3

백정 나는 이렇게 본다

2019년 3월 2일 1판 1쇄 펴냄 | 2021년 1월 20일 1판 4쇄 펴냄

글쓴이 | 김용심

편집 | 김용심, 김로미, 김성재, 이경희
디자인 | 장소인
제작 | 심준엽
영업 | 안명선, 양병희, 조현정   **잡지 영업** | 이옥한, 정영지   **새사업팀** | 조서연
대외 협력 | 신종호, 조병범   **경영 지원** | 임혜정, 한선희
인쇄와 제본 | ㈜천일문화사

펴낸이 | 유문숙   **펴낸 곳** | ㈜도서출판 보리   **출판 등록** | 1991년 8월 6일 제9-279호
주소 | (10881) 경기도 파주시 직지길 492
전화 | (031) 955-3535
전송 | (031) 950-9501
누리집 | www.boribook.com
전자우편 | bori@boribook.com

값 15,000원
ISBN 979-11-6314-032-0 04910
        978-89-8428-742-6 04910 (세트)

보리는 나무 한 그루를 베어 낼 가치가 있는지 생각하며 책을 만듭니다.

이 도서의 국립중앙도서관 출판예정도서목록(CIP)은
서지정보유통지원시스템 홈페이지(http://seoji.nl.go.kr)와
국가자료종합목록시스템(http://www.nl.go.kr/kolisnet)에서 이용하실 수 있습니다.
(CIP제어번호 : CIP2019005579)